DIÁRIO DE UM EMPREENDEDOR PÚBLICO
CULTURA, PODER E A PRESENÇA DISTANTE DAS ESTRELAS

RENATO RIBEIRO FENILI

Prefácio
Cristina Castro Lucas

DIÁRIO DE UM EMPREENDEDOR PÚBLICO
CULTURA, PODER E A PRESENÇA DISTANTE DAS ESTRELAS

Belo Horizonte

2019

© 2019 Editora Fórum Ltda.

É proibida a reprodução total ou parcial desta obra, por qualquer meio eletrônico, inclusive por processos xerográficos, sem autorização expressa do Editor.

Conselho Editorial

Adilson Abreu Dallari
Alécia Paolucci Nogueira Bicalho
Alexandre Coutinho Pagliarini
André Ramos Tavares
Carlos Ayres Britto
Carlos Mário da Silva Velloso
Cármen Lúcia Antunes Rocha
Cesar Augusto Guimarães Pereira
Clovis Beznos
Cristiana Fortini
Dinorá Adelaide Musetti Grotti
Diogo de Figueiredo Moreira Neto (*in memoriam*)
Egon Bockmann Moreira
Emerson Gabardo
Fabrício Motta
Fernando Rossi
Flávio Henrique Unes Pereira

Floriano de Azevedo Marques Neto
Gustavo Justino de Oliveira
Inês Virgínia Prado Soares
Jorge Ulisses Jacoby Fernandes
Juarez Freitas
Luciano Ferraz
Lúcio Delfino
Marcia Carla Pereira Ribeiro
Márcio Cammarosano
Marcos Ehrhardt Jr.
Maria Sylvia Zanella Di Pietro
Ney José de Freitas
Oswaldo Othon de Pontes Saraiva Filho
Paulo Modesto
Romeu Felipe Bacellar Filho
Sérgio Guerra
Walber de Moura Agra

FÓRUM
CONHECIMENTO JURÍDICO

Luís Cláudio Rodrigues Ferreira
Presidente e Editor

Coordenação editorial: Leonardo Eustáquio Siqueira Araújo
Aline Sobreira de Oliveira

Av. Afonso Pena, 2770 – 15º andar – Savassi – CEP 30130-012
Belo Horizonte – Minas Gerais – Tel.: (31) 2121.4900 / 2121.4949
www.editoraforum.com.br – editoraforum@editoraforum.com.br

Técnica. Empenho. Zelo. Esses foram alguns dos cuidados aplicados na edição desta obra. No entanto, podem ocorrer erros de impressão, digitação ou mesmo restar alguma dúvida conceitual. Caso se constate algo assim, solicitamos a gentileza de nos comunicar através do *e-mail* editorial@editoraforum.com.br para que possamos esclarecer, no que couber. A sua contribuição é muito importante para mantermos a excelência editorial. A Editora Fórum agradece a sua contribuição.

Dados Internacionais de Catalogação na Publicação (CIP) de acordo com a AACR2

F333d	Fenili, Renato Ribeiro Diário de um empreendedor público: cultura, poder e a presença distante das estrelas / Renato Ribeiro Fenili.– Belo Horizonte : Fórum, 2019. 191p.; 14,5cm x 21,5cm ISBN: 978-85-450-0688-6 1. Administração Pública. 2. Empreendedorismo público. 3. Governança Pública. I. Título. CDD 350 CDU 35

Elaborado por Daniela Lopes Duarte - CRB-6/3500

Informação bibliográfica deste livro, conforme a NBR 6023:2018 da Associação Brasileira de Normas Técnicas (ABNT):

FENILI, Renato Ribeiro. *Diário de um empreendedor público*: cultura, poder e a presença distante das estrelas. Belo Horizonte: Fórum, 2019. 191p. ISBN 978-85-450-0688-6.

Aos que ousam não só caminhar, mas que, em suas pegadas, semeiam novos caminhos.

AGRADECIMENTOS

Outro dia, fiquei sabendo que dizer "obrigado(a)" não é mais o modo correto. Não só saiu de moda, mas há um quê de atraso espiritual nisso. Ao que parece, isso se deve à sua derivação latina de *obligatus*, particípio do verbo *obligare*, significando ligar, amarrar. Assim, ao dizermos "obrigado(a)", enunciamos uma espécie de dívida com outrem, a quem ficamos ligados até que a quitemos. E haja atraso ao nosso desenvolvimento!! (*#sarcasmo*)

Opção superevoluída é dizer "gratidão". Nesse caso, não há essa obrigação, mas, sim, um senso de desprendimento, de conexão com o universo, sei lá. Na dúvida, acho que vou de *#gratidão* (ah, com *hashtag* antes).

Ocorre que tenho dois filhos pequenos – Catarina e Matheus –, que me acompanharam diuturnamente no processo de escrita deste livro, inspirando-me. E fico pensando se eu não deveria ensiná-los a dizer "gratidão" ao invés de "obrigado(a)".

– *Matheus, tome aqui seu pedaço de bolo* – imagino em um diálogo hipotético.

– *#Gratidão, papai* – diria meu pequeno, ao mesmo tempo em que juntaria suas palminhas das mãos, fecharia seus olhinhos e se inclinaria ligeiramente para frente, protagonizando um Namastê na primeira infância. Demonstração de elevadíssima maturidade do alto de seus quatro anos, conjecturo.

Bom, entre *#gratidão* e *obrigado(a)*, fico com um misto dos dois. A ciência do privilégio que é poder conviver com diversas pessoas virtuosas ao passo que guardo o intuito de retribuir a dádiva que me trazem todos os dias.

Se, no passado, já escrevi agradecimentos ousando nominar pessoas, hoje me eximo disso por um simples motivo: o rol nunca é exaustivo. Prefiro, ao invés, dizer que me senti, ao longo dos meses em que me dediquei a este livro, acompanhado de empreendedores públicos, de indivíduos reais que lutam por transformar a realidade da seara governamental. Por melhor atender os anseios dos cidadãos. Senti-me, ainda, acompanhado por escritores que se voltam – ou voltaram – a olhar a alma humana por debaixo de sua superfície, em perspectiva, quase sempre, poética. Para eles, meu mais sincero reconhecimento.

Farei, contudo, poucas exceções. A primeira delas, à Cristina Castro Lucas, que prefacia este diário e que é, em meu juízo, uma das personificações do próprio ato de empreender. Como se já não bastante fosse seu dilatado currículo acadêmico, ingressou em diversos projetos na temática de igualdade de gênero e de direitos das mulheres. Mais recentemente, idealizou o Projeto Glória, uma plataforma de inteligência artificial voltada ao combate à violência contra a mulher, com potencial de capilaridade em nível mundial. *Top* demais. A você, Cristina, minha mais completa mistura de gratidão + obrigado.

Logicamente, aos meus pais, já não mais aqui, mas sempre presentes em mim. Se hoje sou caule e raiz, devo a vocês.

As outras exceções são óbvias: Catarina e Matheus! Meus filhotes, que me ensinam todos os dias e me impelem a assumir a minha melhor versão. A vocês, que me dão um senso de urgência do tempo e que me fazem querer reviver os dias apenas para que não cresçam com essa velocidade espantosa. O bem que faço a vocês, meus filhos, volta sempre em dobro, e essa é a grande mágica da vida. Como diria meu pequeno Matheus ao mensurar o seu amor por mim: "Amo vocês até o infinito, vai e volta, vai e volta mil vezes!!!!".

Se as coisas são inatingíveis... ora!
Não é motivo para não querê-las...
Que tristes os caminhos, se não fora
A presença distante das estrelas!
(Mário Quintana)

SUMÁRIO

PREFÁCIO
Cristina Castro Lucas.. 15

PREFÁCIO DO AUTOR 19

25 DE AGOSTO DE 2018... 21

CAPÍTULO 1
DESFAZENDO RÓTULOS 25
1.1 Empreendedorismo e inovação: síntese conceitual.............. 26
1.2 Há bebês empreendedores?.. 29
1.3 Eu tenho que ser um empreendedor? Sério mesmo?........... 33

CAPÍTULO 2
INTRAEMPREENDEDORISMO NO SETOR PÚBLICO BRASILEIRO: UM RETRATO DO PRESENTE (E DO FUTURO) A PARTIR DO NOSSO PASSADO 37
2.1 *#somostodosgetúlio*. É isso mesmo? 39
2.2 "O que você vai ser quando você crescer..." e o valor de nossos pais 49

CAPÍTULO 3
OS LUGARES MAIS QUENTES DO INFERNO... OU ALGO PIOR? 55
3.1 Um brevíssimo preâmbulo sobre a leitura, o abandono e o resgate da poesia 58
3.2 Kennedy, o inferno de Dante e a neutralidade do homem 62
3.3 Quando encontramos o mal: reflexões sobre a moralidade administrativa 68

CAPÍTULO 4
DA TOLERÂNCIA À CORRUPÇÃO E À MÁ GESTÃO PÚBLICA: UM POUCO DE PSICOLOGIA COGNITIVA 77

4.1 Um pouco de ciência comportamental: uma visão menos opaca sobre a corrupção no setor público 80
4.1.1 Distância do dinheiro 89
4.1.2 Lembrando-se da moralidade 91
4.1.3 Aspecto social da corrupção 92
4.1.4 Corrupção como forma de vingança 93
4.2 Temos que falar (também) de culpa 96
4.3 É... talvez seja o momento de falarmos de poder 104

CAPÍTULO 5
PODER NAS ORGANIZAÇÕES PÚBLICAS: ENTROPIA, INSTITUCIONALISMO E A LUTA PELA MANUTENÇÃO DO *STATUS QUO*. AH, CLARO, A (AUTO)ARMADILHA DO EGO 107

5.1 Conceito e fontes de poder nas organizações 110
5.2 Por um retrato mais fiel do elefante: as práticas e o ajuste do nível de análise político 115
5.2.1 Poder e a dualidade da estrutura: estratégias de controle por Giddens 120
5.2.2 Um campo de força e um campo de luta: a visão política de Bourdieu 124
5.3 Conflito organizacional e a redistribuição de poder 128
5.4 Entropia social, caos e institucionalismo 133
5.5 Das distorções do ego: vaidades e a busca pela felicidade – ou, se preferir, a síndrome de húbris 140

CAPÍTULO 6
THINK TANKS E LABORATÓRIOS DE INOVAÇÃO: O QUE É MODA E O QUE NÃO É – E O QUE MINTZBERG NOS ENSINA 147

6.1 Inovar é fácil. Difícil é manter-se inovando 151
6.2 *Linking bees to the trees*: os laboratórios de inovação – e os *think tanks* 154
6.3 O desafio do *marshmallow*, a prática zen e o apego ao método: já passamos por isso – e ainda passamos 162

6.4 A gênese de um laboratório de inovação: um legado de mãos dadas com a democracia 173

CAPÍTULO 7
UM PASSO ATRÁS 177
7.1 Histórias de (in)sucesso 179
7.2 O que é fracasso? 183
7.3 Quando amamos odiar o fracasso e nem percebemos isso: às vezes, precisamos desse passo atrás 187

PREFÁCIO

O convite para escrever este prefácio pareceu-me, ao mesmo tempo, desafiador e encantador. Falar sobre o empreendedor público é um tanto quanto complexo. Várias facetas. Um "espírito" para lá de diferente. O novo momento existente, obstáculos sempre presentes e uma rapidez incessante, mas que, na atualidade, é apenas normal.

Para ilustrar, utilizo o exemplo do autor Charles Lutwidge Dodgson, conhecido como Lewis Carroll (1832-1898). Reverendo e professor de matemática em Christ Church, futura Universidade de Oxford. Lá, tornou-se muito próximo das filhas do deão Liddel, principalmente de Alice, e ficou mundialmente conhecido por sua obra *Alice no país País das Maravilhas*, de 1865.

Como continuação, publicou, em 1871, *Alice no País do Espelho*, obra na qual a protagonista precisa ultrapassar vários obstáculos – estruturados como etapas de um jogo de xadrez – para se tornar rainha.

Por que estou falando disso?

Ao descrever o empreendedor, com toda a licença poética possível, uso um momento dessa obra: "Pois aqui, como vê, você tem de correr o mais que pode para continuar no mesmo lugar. Se quiser ir a alguma outra parte, tem de correr no mínimo duas vezes mais rápido!".

Assim, a definição feita anteriormente, na qual a velocidade é quase que normal para o empreendedor, talvez, no século XXI, seja a característica mais forte para entendermos o fenômeno.

Ainda falando sobre tal personalidade, em 1945 Schumpeter a resume como "acima de tudo uma pessoa versátil", definição que me faz pensar muito no setor público, mas como sua antítese.

O setor público é definido, principalmente, pela atuação em serviços, tema amplamente estudado e apresentado como o diferencial da força econômica de países onde é possível manter por mais tempo a durabilidade de soluções e, mais ainda, onde o cliente final pode trabalhar em conjunto com o executor.

Seria esse o entendimento para trazer a sociedade para dentro das discussões de seus problemas e, assim, permitir que trabalhemos juntos em prol de melhorias?

Opa, olha o conceito de empreendedor da administração pública ficando aparente.

A administração pública precisa, como qualquer outro setor, inovar diariamente para permitir a competitividade de um mundo globalizado e, se a inovação está presente, nível meso da economia, quem realiza tais passos é o tal empreendedor, ou seja, através de uma análise individual, é o "faz acontecer" de uma estrutura (de qualquer tipo).

Entendendo de quem trata este livro, permito-me escrever sobre quem é o autor deste caminho de ideias.

Renato Fenili tem um currículo de destaque no setor público: foi diretor da Central de Compras da Câmara dos Deputados e idealizador do Laboratório de Inovação em Compras Públicas – o primeiro do gênero na América Latina. Além disso, é mestre e doutor em Administração pela Universidade de Brasília (UnB) e atual Secretário-Adjunto de Gestão do Ministério da Economia. Um empreendedor público que faz a diferença.

Uma das maiores referências no tema compras públicas, Fenili resume com sua trajetória toda a minha tentativa de explicar, em breves palavras, de quem trataríamos.

Ao ser convidada para escrever este prefácio, senti-me tão honrada que confesso: precisei de mais tempo do que imaginava para organizar minhas palavras, sentimentos e conhecimento.

Em texto de fácil compreensão e profunda discussão, o autor Renato Fenili apresenta o empreendedor público a partir de sua identidade frente à sociedade. Através de uma narrativa elegante, direta e consistente, este livro relata especificidades dessa busca por diferencial competitivo frente a um dos mais antigos *hubs* inovadores... por que não o setor público?

Enfim, gostaria de dizer a você, leitor, que esta viagem – a do conhecimento – é sem volta! Este livro proporcionará suas mais profundas conclusões até o segundo seguinte, a nova pergunta.

Fecho com a frase do Carroll: "Seja como for, parece encher minha cabeça de ideias... só que não sei exatamente que ideias são [...]".

E este é o desafio que se lança!

Um abraço.

Cristina Castro Lucas
Coordenadora da Pós-Graduação em Biotecnologia da UnB. Docente na área de Empreendedorismo, Inovação, Marcas e Patentes desde 2012. Pós-Doutorada (Estágio Sênior/Capes) na *Cornell University*, Estados Unidos (2016-2017) e na *Université Lille I* (2015-2016). Professora convidada na *Cornell University*, no *Latin American Studies* Program (2016-2017). Pesquisadora Assistente no Instituto de Mercados Emergentes – SC *Johnson College of Business at Cornell University*. Doutora em Administração (2011) pela Universidade de Brasília e em Ciência da Gestão (2011) pela *Université Paul Cezanne – Aix/Marseille III*. Embaixadora no Brasil do WEAmericas (*Women's Entrepreneurship in the Americas*) e da WEDO (*Women Entrepreneuriship Day Organization*). Idealizadora do Projeto Glória.

PREFÁCIO DO AUTOR

Hoje é dia 1º de junho de 2019. Um sábado, mesmo dia da semana em que comecei a escrever este livro, como você verá adiante. E, estranha coincidência, até a hora é a mesma: 6h40 de uma manhã ainda quieta por aqui. De todo modo, há 9 meses e 7 dias, lancei-me a esta viagem que ora concluo.

Ao escrever um prefácio, sempre tento despender esmero acima do habitual. Escolhendo as palavras com cuidado, arquitetando um pórtico capaz de bem seduzir você, que provavelmente está passando os olhos nesta página em uma livraria ou na internet. Mas sabe de uma coisa? Despir-me-ei dessa meticulosidade toda e partirei para o "papo reto".

Gostaria, aqui, de ter toda a destreza de J. D. Salinger, o autor do clássico *O apanhador no campo de centeio*, um dos 100 melhores romances de língua inglesa do século XX. Em poucas linhas iniciais do livro, ele consegue impressionar com um discurso cortante e de rara acidez, narrando, em primeira pessoa, a história de Holden Caulfield, um peculiar e rebelde adolescente de 17 anos. Um livro marginal, que destoa da coreografia uniforme do mediano comportamento social. Ainda que ciente do hiato que me separa de Salinger, é nele que deposito essa minha inspiração inicial.

Se você está em busca de um livro que fale de liderança e inovação (no setor público) em um tom de pseudoautoajuda e que adorne um empreendedor com facetas de um monge-herói-altruísta-benfeitor, caro(a) leitor(a), receio que sua procura não tenha chegado ao fim. Talvez um livro aí do lado possa te atender melhor. Do mesmo modo, não é aqui que você verá a apoteose ou a divinização do *design thinking* (ou metodologias congêneres) como se fosse o bálsamo salvador de todo o avanço das organizações governamentais contemporâneas.

Este livro não se sustenta no *mainstream* do ideário comum sobre empreendedorismo público, concluo com preocupação apenas trivial. Não traz fórmulas prontas, não traz alegorias demagógicas.

Gosto de ver este livro como um diálogo no qual as ideias escapam de suas linhas, sem se importarem com quaisquer aspectos formais. Como uma busca da verdade por detrás da aparência, uma janela para um óbvio antes encoberto. Insatisfeito com o lugar comum, vai às suas entranhas, faz a sua releitura e emerge com um senso mais maduro da realidade.

O empreendedor público aqui retratado não é um ente folclórico ou sobrenatural. É de carne e osso. Sujeito a traços culturais patrimonialistas e a vetores de poder que nem sempre lhe são favoráveis. Um empreendedor que fracassa, que lida com a má gestão governamental e com a corrupção; que às vezes se desmotiva, se ilude, que fica de saco cheio. Não só pensa fora da caixinha, mas também sai dela, despindo-se da condição de superintelectual para sujar as mãos na linha executória.

Agora, se você, apenas por acaso, está atrás de um livro que fale de empreendedorismo público para além de sua superfície, sem opacidade, você está no lugar certo. A jornada neste diário é a de desconstrução, seguida de reestruturação em ótica mais sólida e abrangente.

Aquele que luta contra a letargia e os desmandos em seu meio deve se acautelar para não se contaminar com os mesmos vícios. "Quando se olha muito tempo para um abismo, o abismo olha para você", alerta-nos um sempre atual Nietzsche. É isso. Olhemos esse abismo com capacidade crítica – essa é a melhor blindagem. Desçamos do muro e lutemos o bom combate. E optemos, em todos os momentos, pela fuga da neutralidade em época de crise moral, como bem nos alerta um prelúdio do inferno dantesco.

Boa leitura!

25 DE AGOSTO DE 2018

Um sábado. Acordei cedo – 5h, como de costume. Com meus filhos ainda dormindo, acabei por, naturalmente, aproveitar as primeiras horas do dia para colocar as coisas em ordem. Fiz o meu café da manhã: mamão com granola – sem glúten, uma das inovações da modernidade, vejam só. Organizei uma lista de tarefas diárias. Vi meus *e-mails*, fiz alguma atualização em redes sociais. Li notícias e, num ímpeto de audácia, decidi começar a escrever este livro.

Por longos dez minutos, a tela branca do editor de textos me desafiava, colocando-me em estado de completa letargia. Ah, os inícios... os primeiros passos... uma metáfora tão emblemática para um livro sobre empreendedorismo! E, retrato esse da vida real, acabei tomando a decisão mais racional: levantei-me da cadeira e fui fazer um café. A tal da procrastinação, um dos ditos males da modernidade, estava à distância de uma xícara de café de me vencer, meu subconsciente me alertava.

Dizem que o café é capaz de estimular o raciocínio. A cafeína pode, inclusive, afetar positivamente o humor das pessoas. Li, nesses dias, contudo, que o café expresso tem menos cafeína que o coado – e o que eu estava preparando era expresso, para a minha infelicidade intelectual. Ainda assim, repousei minhas esperanças nesse mesmo café e voltei a me deparar com o editor de textos.

Antes de conseguir sequer teclar um caractere minimamente aproveitável, duas inquietações se faziam presentes. A primeira delas dizia respeito a um título – ao menos provisório – da obra que ainda habitava o meu imaginário: *Diário de um empreendedor público*.[1] Sendo um diário, as narrativas e as reflexões dar-se-iam em primeira pessoa, o que me deixava em lençóis pouco confortáveis. Sendo essa primeira pessoa eu mesmo (!!), uma crítica direta e pouco defensável é que eu estaria me considerando um empreendedor público, o que,

---

[1] Em uma segunda reflexão, pensei que o livro poderia ser nominado de *Determinismo versus voluntarismo à luz da cultura e do poder no primeiro setor brasileiro*. Rapidamente deduzi que esse título não guardaria o menor apelo mercadológico.

convenhamos, soa pedante. Uma alternativa vislumbrada – sob os efeitos semiestimulantes da dose de café expresso – é a de eu criar um personagem – o empreendedor público – que registrava suas reflexões em um diário. Essa última opção seria capaz de mitigar apontamentos acerca de eventuais traços de arrogância, ao passo que funcionaria como uma espécie de alter ego.

Outra inquietação era de cunho acadêmico-moral, caso seja possível associar tais verbetes no sentido por mim almejado. Acostumado a escrever artigos e livros técnicos, esteando-se em redação científica tão fortemente arraigada em mim após intensos mestrado e doutorado, estaria eu dando um passo à famigerada "literatura de aeroporto"? Seria este o meu triste fim após anos de estudo: escrever uma espécie de *Quem mexeu no meu queijo?* do serviço público?

Olho no relógio do computador: 5h43. Hora de facear as inquietações sob o risco de postergar, mais uma vez, este projeto. Ah, esqueci-me de dizer: há meses planejava escrever este livro. Nunca me sentira maduro o suficiente para isso. As perguntas não estiveram claras. Agora, contudo, sinto que algo mudou, os contornos estão mais definidos.

Penso no nome do personagem que eu criaria. João. José. Não, muito comum. Mas eu gosto desses nomes. Maria. Alice. Renata. Agatha – sempre fui fã de Agatha Christie, a romancista britânica mais bem-sucedida de todos os tempos. Reconheço, como em um relampejar, que não ousaria criar um alter ego feminino, por pressupor que as reflexões femininas são, não raramente, mais densas e verdadeiras que as masculinas. O meu alter ego feminino, conjeturo, não faria jus ao bom senso e à maturidade das mulheres, de modo geral. Nesse ponto, quase me decidi por fazer outro café.

Defino, assim, que não criarei um personagem, e isso, receio, envolverá certa dose de coragem, que será posta à prova mais adiante, em páginas vindouras. De toda sorte, entendo que seja essa a postura mais verdadeira que posso assumir e, seguramente, as ponderações serão mais autênticas, o que implicará, espero, melhores frutos aos leitores – confesso que li este parágrafo umas duas vezes antes de ir adiante, como se para testar a robustez desse ponto de vista; acabei saindo convencido, ao menos por ora.

Quanto à "literatura de aeroporto"... ai, ai, ai. Fecho os olhos e faço um esforço de visualização: em um *stand* de uma livraria do aeroporto de Brasília, imagino, em ordem, da esquerda para a direita: *O monge e o executivo, O poder do hábito, Os segredos da mente milionária, A sutil arte de ligar o f*da-se*[2] e... *Diário de um empreendedor público*.[3] Abro os olhos. Fecho novamente. Tarde demais. A cena já se fixou em meu cérebro. Não consigo mais me livrar dela. Entro em um sério conflito interno e, estando prestes a repensar a pertinência de ir adiante – afinal, há toda uma carreira minha envolvida... rs, rs, rs –, ocorre o inesperado...

– Papai, quero fazer cocô! – grita o meu filho Matheus, com seus saudáveis três anos, em um inusitado despertar.

"Ah, as prioridades", penso eu. E antes que perceba, enquanto meu pequeno tem o seu desejo atendido, ingresso em franca conversa com ele sobre o número de vezes em que ele fez cocô na véspera. Sem filtro, como se diz hoje. Sem receio.

– Papai, sabia que ontem eu fiz seis vezes cocô? – diz Matheus, sem que eu pudesse confiar em sua contagem, afinal, ele ainda está aprendendo a quantificar o mundo.

– Sério?? – digo eu, com efusiva animação, demonstrando minha mais sincera admiração pelo feito.

– Sério!!! – replica o pequeno, com brilho nos olhos.

E, inspirado por ele, vejo que a vida é melhor sem filtros. Sem receio. Tomo então a decisão: se este livro vir a se imiscuir na tríade *autoajuda, liderança e conselhos de avó* – quase que imortalizado em solo pátrio pela literatura *fast-food* –, que, ao menos, tenha conteúdo e que, ao final, nos faça emergir em patamar mais elevado. Sem filtro.

Às 6h40, comecei a escrever o livro.

---

[2] Indiscutível que utilizar palavrões no título de livros é o melhor *marketing* de todos os tempos. Quase que opto por algo do tipo *Diários do f*da-se: como ser um empreendedor público no Brasil*. Talvez isso envolva um nível de transcendência espiritual que desconfio não gozar.

[3] Bom, de certa maneira, fui benevolente comigo mesmo. A sequência poderia conter obras como *Nietsche para estressados* ou *Como enlouquecer um homem na cama*.

CAPÍTULO 1

DESFAZENDO RÓTULOS

Eu não nasci empreendedor. Aliás, ninguém nasce.
E nem sei se quero ser um.

Reconheço que o título deste capítulo poderia ser um pouco menos realista. Um pouco mais cativante talvez. Não posso me esquecer de que existe uma significativa probabilidade de você estar lendo estas linhas para ver se vale a pena comprar este livro enquanto passeia em uma livraria. Um título desses, reconheço, pode não ser a melhor estratégia para que esta compra seja, de fato, realizada. Afinal, traz todo um caráter *humano* ao *empreendedor*. Onde, afinal, está o aspecto de heroísmo a que associamos a esse fantástico ser? Fiquei pensando um pouco nisto: heróis *versus* empreendedores. Veja o Harry Potter. O menino estava "tranquilo" em sua vida – não muito bacana – com os tios Valter e Petúnia. Mantendo o *status quo*. De repente, há um *click*, uma situação inusitada, e toma-se conhecimento de uma situação que fez o pequeno Harry sair da zona de conforto. E segue-se um caminho cheio de aventuras. Homem Aranha é assim também. E até mesmo o menino Bruce Wayne, que viria a se tornar o famosíssimo e psicologicamente abalado homem-morcego.

Porém, notem: o primeiro era um bruxo, o segundo fora picado por uma aranha irradiada por um acelerador de partículas (uau!), e o terceiro... bem, o cara tinha grana infinita. No mundo real, receio que os elementos que fazem um empreendedor são bem menos extraordinários. Se considerarmos ainda um empreendedor *público*, bom, aí é que a carruagem cisma em virar abóbora mesmo.

Neste capítulo, daremos contornos mais exatos a algumas facetas do empreendedorismo. Desconstruiremos também alguns rótulos a fim de provermos ótica mais acurada a esse construto.

Antes de prosseguirmos, todavia, vamos equalizar os entendimentos. Nestes lindes, essencial darmos uma olhada mais detida nos conceitos de empreendedorismo e inovação.

1.1 Empreendedorismo e inovação: síntese conceitual

Definir empreendedorismo não é tarefa das mais simples. Trata-se de conceito de múltiplas dimensões, cujo estudo remonta ao século XVIII, havendo ênfase em sua abordagem ao longo do século XX. Apesar de o empreendedorismo ter sido estudado por uma série de ramos do conhecimento (psicologia, sociologia, pedagogia, administração etc.), foi no âmbito da teoria econômica que esse conceito obteve maior destaque inicial. O termo "empreendedor", na língua portuguesa, é uma adaptação da expressão inglesa *entrepreneur*, que, por sua vez, provém do verbo francês *entreprendre*.[4] Essa expressão surge originalmente ainda no século XII, sendo empregada para designar aquele que se lança a brigas ou a disputas militares. Já no século XVII, o termo passou a ser utilizado para designar o responsável por coordenar uma ação militar.

Somente a partir de meados do século XVII é que houve uma ampliação do conceito, passando a "incluir os contratados que se encarregavam de construções para militares: estradas, pontes, portos e fortificações etc. Naquela época, economistas franceses também empregavam a expressão para descrever pessoas que corriam riscos e suportavam incertezas a fim de realizar inovações" (CUNNINGHAM; LISCHERON, 1991).[5] A primeira referência na literatura econômica ao termo "empreendedor" remonta a 1755, na obra póstuma *Ensaio geral da natureza do comércio*,[6] de autoria do banqueiro franco-irlandês Richard Cantillon. Para esse autor, empreendedor é o indivíduo que se lança a satisfazer uma demanda incerta no mercado, admitindo-se o risco como inerente às suas atividades em busca de retorno financeiro.

---

[4] *Entre* = recíproca, mútua + *prehendre* = tomar, utilizar, empregar.
[5] CUNNINGHAM, J. B.; LISCHERON, J. Defining entrepreneurship. *Journal of Small Business Management*, v. 29, p. 45-61, 1991.
[6] *Essai sur la Nature du Commerce em Général*, no original.

De forma mais concreta, Cantillon considerava empreendedor o indivíduo que comprava matéria-prima por preços módicos e a vendia já como produto acabado ou semiacabado por um valor maior. No início do século XIX, o economista francês Jean-Baptiste Say surgiu como pioneiro a expor algumas das bases do conceito. Para Say, o empreendedor era um agente fundamental de transformações econômicas e sociais. Um aspecto que permanecerá ao longo da teoria econômica é a análise de Jean-Baptiste Say de o empreendedor não necessariamente ser o detentor do capital (separação das figuras do empreendedor e do capitalista), mas, sim, aquele que assume riscos e busca a inovação.

Apesar desses estudos iniciais, a projeção do empreendedorismo como um campo específico de estudo só foi efetivada por meio do trabalho do economista austríaco Joseph Schumpeter, na primeira metade do século XX. Para Schumpeter, o empreendedorismo está intimamente relacionado à capacidade de inovação. Em suas palavras: "A essência do empreendedorismo está na percepção e no aproveitamento das novas oportunidades no âmbito dos negócios (...) sempre tem a ver com criar uma nova forma de uso dos recursos nacionais, em que eles sejam deslocados de seu emprego tradicional e sujeitos a novas combinações" (SCHUMPETER, 1982, p. 57).[7]

Na visão de Schumpeter, o empreendedorismo não só está associado à inovação, como também possui papel fundamental como propulsor do desenvolvimento econômico. Empreendedor, na ótica schumpeteriana, é o agente que combina recursos de forma inovadora, promovendo, assim, o crescimento econômico.

No setor público, em especial na parcela majoritária de organizações governamentais que não se voltam à atividade econômica, empreender é criar valor para o cidadão por meio do processo de inovação. Assim, o *empreendedor público*, valendo-se de uma versão híbrida do conceito schumpeteriano, pode ser definido como *o agente que combina recursos de forma inovadora, promovendo a maximização da relação de agência firmada com a sociedade*.

---

[7] SCHUMPETER, J. A. *Teorias do desenvolvimento econômico*: uma investigação sobre lucros, capital, crédito, juro e ciclo econômico. São Paulo: Abril Cultural, 1982.

Em franca linguagem: empreendedor público é o cara que inova no primeiro setor.[8] Uma espécie de agente de transformação, que visa construir práticas de gestão otimizadas, com foco precípuo em seus efeitos ao cidadão. Pronto.

Cabe aqui um esclarecimento: empreendedor, em sentido lato, é considerado, neste livro, a pessoa que traz inovação. No Brasil, contudo, empreendedor é entendido de forma, quiçá, desvirtuada. A pessoa que monta um microempreendimento, seja um salão de beleza, uma *lan house* ou uma pequena loja de roupas, é considerada em pesquisas do Sebrae ou do Ibope uma empreendedora. Na realidade, essa pessoa é, *a priori*, uma empresária. Caso, em seu negócio, atue como agente de inovação, aí sim será uma empreendedora.

Para termos tudo muito bem sedimentado, a última tarefa concerne a sabermos o que é, de fato, *inovação*.

Inicialmente, registro aqui a definição constante do *Manual de Oslo*, segundo o qual inovação é "a implementação de um produto (bens ou serviços) novo ou significativamente melhorado, ou um processo, ou um novo método de *marketing*, ou um novo método organizacional nas práticas de negócio, na organização do local de trabalho ou nas relações externas" (OCDE, 2005, p. 55).[9]

Pessoalmente, gosto mais da clareza da explanação de Sundbo e Gallouj (1998),[10] para quem a inovação só pode ser concebida como tal quando a mudança, de fato, agrega valor em termos de resolução de problemas, e as soluções e os novos procedimentos podem ser repetidos sistematicamente. Ou seja, caríssimo(a), não inovamos logo de início. O que fazemos é a promoção de uma mudança. Se essa mudança agregar valor – melhorar as coisas! – e se pudermos ter o mínimo de controle sobre esse processo, então teremos inovado. A inovação é *ex post* e gerenciável.

Em franco purismo, quando alguém diz "lançaremos uma inovação no próximo mês", há uma inconsistência conceitual

---

[8] Hoje vejo que um empreendedor público, em perspectiva ampla, pode atuar nos segundo ou terceiro setores, desde que o seu alvo seja a inovação na seara governamental.
[9] OCDE. *Manual de Oslo*: proposta de diretrizes para coleta e interpretação de dados sobre inovação tecnológica. 3. ed. Traduzido pela Financiadora de Estudos e Projetos (FINEP), 2005.
[10] SUNDBO, J.; GALLOUJ. F. Innovation in Service. *Policy Research in Engineering, Science and Technology*, PREST. Project Report S2, 1998.

séria. O que se lançará é uma mudança ou uma invenção. Se essa mudança piorar as coisas ou, até mesmo, não implicar efeitos mais significativos, então não será inovação. Porém, há de se reconhecer que, se alguém disser "lançaremos uma *tentativa* de inovação no próximo mês", em que pese a adequação teórica da assertiva, a estratégia de *marketing* restará enfraquecida, e *marketing*, caro(a) leitor(a), é espaço de poder, como veremos adiante.

1.2 Há bebês empreendedores?

Há alguns anos – quatro anos, quando minha pequena Catarina chegou, para ser mais preciso –, minhas preferências cinematográficas sofreram considerável modificação – praticamente uma metamorfose forçada. Se, antes, os épicos, os romances e os suspenses (além dos musicais clássicos) estavam no meu contumaz rol de longas-metragens assistidos, hoje sou *habitué* das sessões de *Miss Moon*, *Peppa Pig*, *Moana* (claro), *Carros* (1, 2 e 3), *Shimmer e Shine*, *Butterbean's Café*, *Frozen* e, claro, *Patrulha Canina*, além de desenhos outros diversos da Disney. Apenas em tom de desabafo, fiquei um pouco triste quando a fase da *Tinker Bell* passou – gosto, de verdade, da pequena fada.

Alguns meses atrás, pude ver com meus filhos o filme *O poderoso chefinho*, uma animação da Dreamworks que retrata as angústias e transformações decorrentes da chegada de um filho pela ótica de seu irmão mais velho, que, obviamente, perde o monopólio da atenção dos pais. O bebê, contudo, não é um recém-nascido típico: ele usa terno e gravata, carrega uma maleta, usa celular, articula planos e tem até mesmo um comitê de outros recém-nascidos. Despende esforços contra o inescrupuloso CEO de uma corporação que quer acabar com o amor no mundo, promove mudanças relacionais em seu ambiente e, de quebra, lida muito bem com variáveis como poder e liderança – ao menos de seu *petit comité*. Esbanja confiança. É um empreendedor "nato".

Arriscando-me a ir de encontro às certezas dos pais – e dos avós! – mais otimistas e inebriados com o brilhantismo de seus filhos – e netos! –, tenho que alertar: *ninguém nasce empreendedor*. Ninguém nasce líder. A teoria dos traços, afeta ao ramo da liderança, é hoje suposição ultrapassada. A liderança, assim como o empreendedorismo, pode ser aprendida. Se seu/sua filho(a), já na mais tenra idade – adoro essa expressão, apesar se achar meio brega –, desponta em termos de iniciativas e independência, isso pode ter muito a ver com aspectos culturais promovidos em ambiente familiar e escolar, as primeiras instituições das quais tomamos parte. Aos meus "poderosos chefinhos" – Matheus e Catarina, do alto de seus 3 e 4 anos,[11] respectivamente –, são dadas todas as oportunidades e as condições para se tornarem líderes e empreendedores. Isso, porém, toma tempo e, mais importante, *acontecerá apenas se eles quiserem*, como discutirei na próxima seção.

Geert Hofstede é, hoje, um dos ícones mundiais do estudo da cultura. Graduado em engenharia mecânica, especializou-se na área da psicologia, tendo cursado doutorado em comportamento organizacional entre 1964 e 1967. Seu *status* de celebridade deve-se, em um primeiro instante, a uma ampla pesquisa transcultural realizada no âmbito da IBM internacional na década de 1960. Hoje, com 90 anos, é um exemplo de humildade. Quando eu cursava mestrado e doutorado, cheguei a trocar alguns *e-mails* com ele. Sempre solícito, respondia-me prontamente, mesmo sem me conhecer. Um exemplo, de fato.

Cultura, ensina Hofstede (2003),[12] é aprendida, e não inata, derivando do ambiente social ao invés dos genes. Corresponde, assim, ao nível intermediário das programações mentais humanas, assim representadas:[13]

---

[11] Quando terminei este livro, os pequenos já tinham 4 e 5 anos. Ah, o tempo!
[12] HOFSTEDE, G. *Culturas e organizações*: compreender a nossa programação mental. Lisboa: Editora Silabo, 2003.
[13] Fonte da imagem: Hofstede (2003).

A natureza humana, nessa representação, é herdada por meio dos genes, ao passo que a cultura é responsável por moldar o ferramental universal de sentimentos e de capacidades do homem, dotando-o de um *modus operandi* inerente a um grupo ou categoria. Mesclando-se a herança genética, a influência da programação coletiva (cultura) e as experiências pessoais, toma forma a personalidade do ator social, um "conjunto único de programas mentais que não partilha com nenhum outro ser humano" (HOFSTEDE, 2003, p. 20).

A personalidade, assim manifestada pelo comportamento, é resultado de três componentes: características biológicas do indivíduo (que o acompanham durante todo o processo de socialização), características culturais do meio (que moldam os valores e as práticas aceitos na comunidade) e os fatores sociais (da interação interpessoal). Sigmund Freud, fundador da psicanálise, estratifica a personalidade em três camadas, a saber:
- *id*: fonte fundamental da personalidade, ligada aos instintos básicos fisiológicos. O id funciona como mecanismo de busca da satisfação e da autopreservação;
- *ego*: age como um regulador entre os impulsos gerados pelo *id* e a realidade externa. É o ego que faz o diálogo entre o *id* e o superego;
- *superego*: estrutura que representa os padrões éticos culturais e sociais do indivíduo, estabelecendo e norteando as opções entre o bem e o mal.

Há, destarte, muito mais do que a carga genética como preditora do comportamento de nossos "poderosos chefinhos", que podem, como já alertado, nem quererem vir a ser chefinhos, ao final das contas. *E, ainda assim, podem ser felizes, sabia?*

Bom, se a pergunta insculpida no título dessa seção foi respondida, outras emergem: há alguma idade certa para se tornar empreendedor? Há uma receita que devemos seguir para fomentar uma predisposição para empreender?

Quanto à primeira provocação, um breve levantamento nos traz dados interessantes. Steve Jobs montou a Apple aos 21 anos. Mark Zuckerberg fundou o Facebook aos 21. Raymond Alexander Kroc, após trabalhar como vendedor de copo de papel, músico de jazz e DJ, criou a rede de *fast food* McDonald's aos 53 anos. Donald Fischer, aos

41 anos, e sua esposa, Doris, lançaram a grife Gap, hoje uma empresa de mais de US$9 bilhões. Com a mesma idade, Robert Noyce foi um dos cofundadores da Intel. A dispersão etária é significativa. Fechamos essa apertada amostra com Charles Flint, que, aos 61 anos, fundou o que viria ser, 13 anos depois, a IBM.

Não há idade para empreender. O fenômeno das *startups* vem desvelando empreendedores adolescentes que assombram o mundo com iniciativas que se estendem desde a inovações em inteligência artificial ao uso de nanotecnologia no combate ao câncer. Ao mesmo tempo, há pesquisas que relacionam maiores taxas de sucesso a empreendedores mais maduros.[14] Com a idade, em tese, há acúmulo de capital social e de *expertise* na solução de problemas, fatores críticos ao empreendedorismo.

Quanto à segunda provocação, seria ingênuo e raso atestar uma receita para se empreender. Não se olvida, entretanto, que há variáveis que favorecem o exercício do empreendedorismo. Cada um, por certo, seria capaz de elencar a sua lista predileta. Hoje, a minha lista é esta: *obstinação, preparo intelectual e emocional, disciplina e capacidade de relacionamento*.

Um empreendedor que não é obstinado desiste facilmente, e os motivos para desistir serão vários até que se consiga inovar, pode ter certeza. Para seguir inovando, então, os imbróglios serão ainda maiores. A cada dia, é necessário renovar a sua motivação – e isso é difícil, em alguns dias, ao menos; além disso, pode tomar tempo. Analogamente, um empreendedor pouco disciplinado terá linha de ação errática, que pode não conduzir a quaisquer resultados. *Obstinação e disciplina* é uma combinação poderosa.

Contudo, toda obstinação e toda disciplina do mundo não são suficientes se não vierem acompanhadas de equilíbrio emocional e de preparo intelectual. Há de se buscar o amplo domínio técnico da matéria sobre a qual se quer empreender, bem como estar preparado para as resistências, para os conflitos de poder e para os desgastes. Por fim, não se empreende sozinho, ainda mais no setor público. Sem capacidade de gestão e de relacionamento em equipe, você estará isolado em uma ilha, sem sair do lugar.

---

[14] Nesse sentido, dê uma olhada em: https://www.cnbc.com/2018/06/26/research-shows-older-entrepreneurs-more-successful.html. Acesso em: 26 ago. 2018.

Tendo isso em mente, a fim de conferir a seu "poderoso chefinho" a prerrogativa de poder escolher, no futuro, se deseja ou não ser um empreendedor, seria recomendável que ele tenha tais competências desenvolvidas até certo ponto. Relações saudáveis em família e em outros ambientes, prática de esportes – disciplina! – e acompanhamento na evolução dos estudos são práticas benéficas nesse sentido. Ah, e o(a) pequeno(a) deve saber lidar com o "não". Afinal, uma criança que não se vê defrontada com o "não" acaba por ter uma visão destorcida de mundo, na qual a frustração é omitida. E, empreendedores, uma das maiores companheiras de quem almeja promover a inovação é, justamente, a frustração. No entanto, para esse papo, eu reservarei todo um capítulo, mais adiante.

1.3 Eu tenho que ser um empreendedor? Sério mesmo?

Jean-Jacques Rousseau, um dos principais filósofos do Iluminismo, trouxe reflexões que, apesar de originadas no século XVIII, permanecem atuais. É seu o notável enunciado: "O homem nasce livre e, por toda parte, está acorrentado". As nuances inerentes ao embate entre as forças da coletividade e a expressão da individualidade do agente são abordadas em sua obra *O contrato social*, de 1762.

A ordem social, enquanto percebida como não natural por Rousseau, é materializada pela agregação das vontades individuais em prol de um bem comum. Impõe-se, na visão do filósofo suíço, uma série de obrigações ao cidadão para honrar, justamente, esse contrato social.

Poderíamos ir adiante na discussão acerca da dicotomia em tela. O debate poderia se valer da ponderação de John Locke – "o homem é produto do meio" –, bem como das leis da natureza apontadas por Montesquieu. A visão normativa de cultura, apresentada por Clifford Geertz, também se mostraria pertinente ou, se aqui fosse o foro adequado, adentraríamos no estudo da obra do sociólogo Émile Durkheim, visitando os conceitos de fato social e os atributos das solidariedades mecânica e orgânica. Porém, ainda impactado com a liberdade que este livro me oferece, opto por caminho diverso, pautado em digressões mais fluidas.

Há, não se olvida, obrigações a nós impostas pelo simples convívio em sociedade: devemos ser éticos, respeitar o próximo, zelar pela vida e pela caridade.[15] Há, porém, um limite concernente ao que a sociedade pode exigir do indivíduo – e que nem sempre é respeitado.

Convive-se, atualmente, com uma abundância de deveres e de condutas impostas pelas instituições que frequentamos e das quais tomamos parte (organizações, escolas, família etc.). Devemos ser bem-sucedidos financeiramente. Extrovertidos. Ter vários amigos – ainda que virtuais, contados como seguidores em redes sociais. Possuir uma boa casa, um carro legal. Não sermos nem muito magros, e nem gordos. As mulheres, em especial, devem ter filhos. Ah, coitada da mulher que, ao atingir a fatídica idade dos 40 anos, ainda não é mãe! E não basta ter um filho só: deve-se providenciar, com a devida urgência, um(a) irmão(ã) ao primogênito, sob o severo risco de ele crescer mimado e sozinho.[16]

Os filhos devem, na primeiríssima infância, ser matriculados na natação, no inglês, na aula de psicomotricidade. Um absurdo, imagine, não dar um bom presente no aniversário de seu filho, ainda que, para comprar esse presente, os pais tenham de ter abdicado da *presença* em casa, e, logicamente, do convívio com os próprios filhos para ganhar o dinheiro necessário.[17] Carreira, bens materiais, reconhecimento organizacional, padrões. Esse é o modelo de nossa felicidade.

Uma amiga minha, então chefe de uma seção da Central de Compras da Câmara dos Deputados (unidade que dirijo),[18] há alguns anos veio conversar comigo. Com duas filhas adolescentes, disse que havia repensado o seu papel como chefe naquele momento de sua vida e que queria mais tempo livre para se dedicar à maternidade.

---
[15] Logicamente, os valores podem variar de acordo com a cultura da sociedade.
[16] Sarcasmo, ok?
[17] Pare tudo agora e veja o vídeo *O valor das coisas*, de Marcos Piangers, disponível em: https://www.youtube.com/watch?v=RYXeE0sGQlo. Aliás, veja todos os vídeos dele. Ele é *top* das galáxias. Inevitavelmente, vou falar mais dele mais à frente, neste livro.
[18] Na verdade, dirigi até janeiro de 2019. A partir daí, assumi o cargo de secretário-adjunto de gestão do Ministério da Economia.

Sua intenção era deixar a chefia, ir para uma lotação menos atribulada e pedir redução de carga horária (com a consequente redução de vencimentos). Carregava, naquele momento, contudo, certo senso de fracasso e de culpa por estar desfavorecendo a sua carreira. Conversei com ela longamente. Disse que ela era, na realidade, uma vencedora, por saber buscar sua realização pessoal, por saber fazer escolhas e priorizar aquilo que lhe era mais importante e por não ter medo e não se acomodar. Ao final, pareceu-me que havia retirado um peso enorme de suas costas.

Acabo por me render ao termo *ditadura da felicidade*. Coitado do homem médio que não atingiu o nirvana. A ansiedade, nesse caso, só pode ser suavizada com uma medida: uma boa postagem no Instagram, retratando o quão divertido é o seu cotidiano. E, ao invés de recorrer a Durkheim, valho-me – vejam só – de uma obra que não goza do mesmo *status* acadêmico. Trata-se da história da simpaticíssima Riley, uma pré-adolescente com uma série de emoções por vezes dissonantes, retratada com maestria na animação da Pixar *Divertida Mente*.

Os personagens principais do filme são as próprias emoções de Riley: Raiva, Nojinho, Alegria, Medo e Tristeza. Ao longo da animação, há esforços desses personagens em prol da manutenção da melhor sanidade emocional da menina. A líder, no caso, é Alegria, que tenta reger as demais emoções a fim de criar vivências sempre felizes.

Tal dinâmica acaba por colocar Tristeza – uma simpática baixinha azulada com grandes óculos – em segundo plano. Seus feitos eram sempre reparados, em tom de urgência, pela Alegria (personificação da ditadura da alegria). Seguindo cativante enredo, uma das conclusões do longa – juro que não estou dando *spoiler*! – diz respeito à relevância da tristeza enquanto emoção, por nos permitir amadurecer e dar o devido valor às coisas, permitindo que sejamos humanos, como leciona Clarice Lispector. É, de certa forma, uma crítica a essa ditadura, um aviso de que não precisamos, em todos os instantes, parecer felizes. Não precisamos ser sempre fortes, bem resolvidos, maduros, líderes, empreendedores.

Ok. Volta ao mundo real. Se pudesse fazer um recorte severo das obrigações a mim impostas, traria quatro coisas principais: ser o melhor pai que puder, o melhor filho (infelizmente a mim foi privado esse privilégio cedo demais), honrar os contratos aos quais me submeto (em especial o contrato de agência com o cidadão, falando-se de servidores públicos) e buscar (com ética!) a minha felicidade. Só (e tudo) isso. Não, você não tem que ser líder. Não tem que ser empreendedor. Extrovertido. Comunicativo. Um exímio negociador. Há tanto esforço e tanta literatura que nos ensina a sermos líderes e empreendedores excepcionais que, no andar da carruagem, *daqui a pouco o mais difícil será ser um bom liderado*.[19] Mas, logicamente, se o cargo que você ocupa demandar tais competências – e você não as tem, e nem quer desenvolvê-las –, repense se você está no lugar correto.

Há de se consignar, neste ponto, breve *insight* atinente ao benefício do autoconhecimento: é muito melhor se reconhecer como um não empreendedor e ser autêntico à sua personalidade do que se enganar e se achar "a última Coca-Cola do deserto" como agente de inovação quando, na realidade, há incompatibilidade com os elementos psicofísicos do indivíduo.[20]

De mais relevante, não se esqueça, você tem que buscar ser – e não parecer – feliz.

Não resisti. Fiz um teste com o Matheus:

– Filho, você quer ser um empreendedor quando crescer? – perguntei, já sabendo que o vocabulário seria um ruído nesse caso.

– O que é um empreendedor? – perguntou enquanto mexia com uma lanterna de brinquedo.

– É um líder – respondi.

– O que é um líder? – a incompreensão persistia.

– É um chefe, Matheus. Um cara que tem ideias bacanas, que inventa coisas, que melhora tudo. Que tal?

– Eu não quero, papai. Quando eu crescer, eu vou ser um policial.

Taí. A ingenuidade aliada à autenticidade. Ponto para o pequeno.

---

[19] Quem sabe um próximo livro? *"Como ser um liderado eficaz"*.... ou *"Os 10 Hábitos do subordinado feliz"*.

[20] A resultante psicofísica da interação da hereditariedade com o meio, manifestada através do comportamento, cujas características são peculiares a cada pessoa, é o que chamamos de personalidade.

CAPÍTULO 2

INTRAEMPREENDEDORISMO NO SETOR PÚBLICO BRASILEIRO: UM RETRATO DO PRESENTE (E DO FUTURO) A PARTIR DO NOSSO PASSADO

Por um breve instante, poderíamos pensar que estamos na década de 1930 e, talvez, vejamos que as lutas não mudaram tanto quanto gostaríamos.

Empreender tem muito a ver com o futuro. Afinal, a inovação almejada, como vimos, dá-se *a posteriori* caso haja agregação de valor com relação ao *status* presente. Assim, a visão de futuro de um empreendedor, pondero, deve ser bem acurada e atualizada constantemente, conforme o avanço cronológico transforma as incertezas em informações concretas. Prever o futuro por meio da projeção e da prospecção de cenários é uma das competências essenciais do empreendedor.

É de Peter Drucker – principal expoente da corrente denominada *administração por objetivos*, uma vertente mais pragmática da teoria neoclássica da administração – a célebre frase: "A melhor maneira de prever o futuro é criá-lo".

Já me peguei, mais de uma vez, refletindo sobre essa assertiva do guru da administração moderna. Às vezes, ficava imaginando como, de fato, era Drucker, professor, escritor e consultor, provavelmente criador de seu próprio futuro e cujos ensinamentos inspiraram de Henry Ford a Bill Gates. Que inveja desse cara! Ao mesmo tempo, via em mim certo vestígio de autopiedade; afinal, coitado dos "empreendedores" que, como eu, se percebiam incapazes de criar com plenitude seus futuros. Quando muito, em diversas ocasiões, eu conseguia temperar a regra determinista do ambiente do setor público que me cercava com pitadas de voluntarismo.

Bom, então *não* vamos de Peter Drucker, pelo menos agora. Fui, decidido, atrás de outra frase que melhor se adequasse à minha realidade; que, de certa forma, espelhasse minha incapacidade de simplesmente criar o futuro, tal qual um maestro rege a sua orquestra. E se a frase tivesse por autor(a) alguém do nível de Peter Drucker, aí sim, restituiria toda a minha autoconfiança – ou, em linguagem popular, beijinho no ombro para Drucker.

Acessei o Google. Digitei, como metadado, "previsão de futuro". Optei por verificar os resultados no Google Imagens. Logicamente, metade das imagens recuperadas pelo mecanismo de busca era de cartomantes e de bolas de cristal. Parcela significativa, para a minha surpresa, referia-se ao desenho Simpsons e suas estranhas previsões acertadas sobre ocorrências no governo Trump. Resolvi refinar a minha pesquisa: empreguei "previsão de futuro + meme". Eis que a frase de Peter Drucker surge. Ignorei. Queria algo mais real. Fui adiante. Diversas imagens do filme *De volta para o futuro*. Nada ainda. Até que... deparei-me com o seguinte meme:

SE QUERES PREVER O FUTURO, ESTUDA O PASSADO.

Trata-se de um provérbio de Confúcio, filósofo chinês nascido em 551 a.C. Fiz uma pequena pausa. Acabei lendo um pouco da biografia desse sábio. Ele era servidor público, chegou a ser ministro da justiça no principado de Lu, mas pediu exoneração (certamente o nome para isso devia ser outro na China antiga) por discordar de algumas práticas governamentais e por estar cansado das intrigas da corte. Trocou a vida política pela docência, exercendo as atribuições de professor, conselheiro de governantes e filósofo. Gostei. Quem sabe um dia não sigo eu as águas de Confúcio?

O empreendedor público é, antes de tudo, um intraempreendedor, ou seja, ele empreende nos limites de uma organização já estabelecida. Em solo pátrio, esse agente se depara com uma série de amarras políticas e culturais, com gênese ainda no Brasil colonial. Talvez, hipotetizo, se Peter Drucker tivesse vindo empreender no setor público brasileiro, teria se alinhado mais ao provérbio de Confúcio. Criar o futuro, aqui, aproxima-se mais de uma frase de efeito em um *outdoor* do que de uma potencialidade suprema do gestor governamental. De todo modo, um entendimento adequado do ambiente organizacional, bem como eventuais cenários futuros, só pode ser bem delineado a partir de uma compreensão de nossas práticas e valores culturais, que tomaram forma ao longo de nossa história.

Pronto, é isso. Hora de um pouco de história do Brasil!

2.1 #somostodosgetúlio. É isso mesmo?

A história de um país pode ser vista sob distintos prismas. A história política. Econômica. Social, de maneira ampla, contemplando as dinâmicas entre classes. Nesta seção, vou me ater, precipuamente, a uma ótica administrativa estatal, beleza?

O Brasil tem como um de seus traços precípuos a multiplicidade de raízes etnológicas estruturantes, bem como a combinação desigual, em seu território, das matrizes indígenas sul-americanas, portuguesas e da África negra – sem contar as influências de imigrantes europeus (não portugueses) e orientais (japoneses e árabes). É uma belíssima mistura.

Para Motta e Caldas (1997),[21] é possível identificar a tripartição predominante nas raízes etnológicas formadoras da cultura brasileira:

> Híbrida desde o início, a sociedade brasileira logo incorporou o traço português da miscigenação. Sem a existência de restrições de raças e devido à escassez de mulheres brancas, nosso colonizador logo se misturou à índia recém-batizada, transformando-a em mãe e esposa das primeiras famílias brasileiras. Com o início da escravidão, misturou-se ao negro, completando o chamado "triângulo racial" (MOTTA; CALDAS, 1997, p. 41).

Holanda (1995)[22] ressalta que a matriz portuguesa foi preponderante no triângulo racial, ao qual foram incorporados

---

[21] MOTTA, F. C. P.; CALDAS, M. P. *Cultura Organizacional e Cultura Brasileira*. São Paulo: Atlas, 1997.
[22] HOLANDA, S. B. *Raízes do Brasil*. São Paulo: Companhia das Letras, 1995. (Esse é um baita livro. Deveria habitar a sua cabeceira por algum tempo.)

traços culturais dos demais elementos. Segundo esse autor, de Portugal "nos veio a forma atual de nossa cultura, o resto foi matéria que se sujeitou bem ou mal a essa forma" (HOLANDA, 1995, p. 40). Dessa forma, conforme salienta esse autor, é necessário um olhar mais detido sobre os elementos sociais e culturais advindos do Período Colonial, que, apesar de corresponder a três dos cinco séculos desde a chegada dos portugueses ao Brasil, representou um momento histórico ímpar na formação das instituições de base da sociedade brasileira e cuja herança social, cultural e econômica se perpetuou nos séculos subsequentes.

Feito esse preâmbulo, convido-o(a) a uma breve viagem pela biografia de nosso país, norteada pelo seguinte roteiro (logicamente, o roteiro poderia ser bem mais rico e detalhado, mas entenda isso como uma breve viagem, ok?):

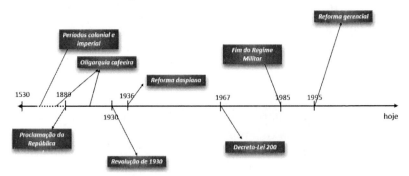

O período colonial estendeu-se, formalmente, de 1530[23] a 1822. Segue-se o Período Imperial até 1889. Por todo esse interregno e até mesmo depois – ou seja, por cerca de 400 anos –, a grande lavoura foi o modelo econômico adotado, sendo primeiramente a de engenho de cana-de-açúcar e, mais tardiamente, a de café. Esse modelo acabou por incrustar uma série de atributos nas relações sociais que perduram até... hoje. De um lado, a família patriarcal, centralizadora do poder na figura do senhor de engenho/barão do café; de outro, o escravo,[24] marginalizado e oprimido socialmente. Tudo isso em uma organização semifeudal.

---

[23] O período compreendido entre 1500 e 1530 foi o pré-colonial.
[24] Lembrando que a Lei Áurea data de 1888.

Vamos falar um pouco da família patriarcal. Nela, há um chefe, sempre do sexo masculino (o patriarca), sua esposa, filhos e netos, componentes do núcleo da organização. Como representantes secundários, têm-se os parentes, agregados, serviçais, escravos, filhos bastardos e afilhados. O senhor feudal ou patriarca exercia sobre todos a sua autoridade e devia, a todo custo, defender os interesses de seu núcleo familiar. O primogênito masculino herdava as posses (terras), e os demais eram encaminhados aos estudos para se tornarem médicos, padres ou advogados. As meninas eram levadas aos conventos, onde aprendiam tarefas como ler, escrever e bordar até que casassem.

Faço o registro de um dos mais famosos quadros que retrata a família patriarcal do Brasil Colonial. Trata-se de tela de autoria de Jean-Baptiste Debret, pintor francês que morou em nossas terras por 15 anos. Ao retornar à França, publica *Viagem pitoresca e histórica ao Brasil*, do qual consta a pintura *O jantar no Brasil*.[25] Da cena ao lado, a desigualdade é desvelada na farta mesa do patriarca, servido por escravos famintos, bem como pelo entretenimento de sua esposa com as crianças, que, analogamente a cachorros, recebiam sobras como um pseudoafago. Haja relativismo cultural. Misericórdia.

---

[25] Disponível em: http://3.bp.blogspot.com/-_gbSlIND7bM/TpVoKzTPedI/AAAAAAAAHU/QWZ6FA_G3Xc/s1600/JantarBrasil.jpg. Acesso em: 27 ago. 2018.

O patriarca era o todo-poderoso. Personificava um ser absolutista, que fazia de suas mulheres e filhos personagens hierarquicamente inferiores e que o circundavam aspirando às boas graças. Agia com violência com seus escravos quando entendia ser necessário. Não se submetia, em realidade, a uma autoridade clerical, mas atuava como uma espécie de patrocinador da Igreja, o dono da capela. Não se submetia, da mesma forma, ao Estado. *A família patriarcal ocupava todos os espaços*: dispersão territorial, administração econômica e direção política do Brasil.

Brevíssimo esclarecimento. Esse arquétipo de família é a descrita nos trabalhos do sociólogo Gilberto Freyre, bem como por Sérgio Buarque de Holanda. Tal modelo, contudo, não foi o único vigente em três ou quatro séculos de Brasil. Sua predominância deu-se em lavouras canavieiras nordestinas, denotando-se relações distintas nas regiões mais ao sul, especialmente a partir do século XIX, com a chegada da família real portuguesa. Ainda assim, em análise macro, as relações paternalistas e a hierarquia próprias à organização patriarcal são passíveis de serem consideradas traços característicos dos núcleos familiares ao longo de nossa história colonial.

No Brasil Colônia, a lavoura de cana-de-açúcar sempre figurou entre as atividades econômicas hegemônicas. Uma primeira crise do açúcar remonta a meados do século XVII, decorrente da expulsão dos holandeses do Nordeste, que passaram a explorar a *commodity* nas Antilhas, com excelente qualidade e preço competitivo. Já no século XVIII, a exploração do ouro em Minas Gerais assume primeiro lugar no *ranking* da economia e, em que pese, já no século XIX, à execução de programa imperial de investimento em engenhos de maior produção, pouco a pouco o açúcar perde mercado, cedendo lugar ao café como principal produto agrícola do Brasil.

Concentrando-se no Vale do Paraíba, região entre São Paulo e Rio de Janeiro, a oligarquia cafeeira vigeu no Brasil desde as primeiras décadas do século XIX até a década de 1920. Aliás, diga-se de passagem, quase tudo mudou após a crise de 1929 (quebra da bolsa de Nova Iorque). No Período Imperial, aos cafeicultores eram concedidos os títulos de *barão do café*, um real título de nobreza, ainda que não hereditário.

Para encurtar um pouco a história... com o fim da monarquia e a instauração da república, a vida ficou mais complicada para os barões. Problemas de produção nas lavouras (exaurimento de solos, por exemplo), bem como o novo *status quo* social, exigiram que o baronato se esforçasse para a manutenção de seu prestígio, usando de sua influência ainda remanescente para o conquista de cargos públicos no novo regime. Outrossim, a riqueza acumulada fez com que os barões investissem em educação, e isso, sim, também é de nosso interesse. Prática comum era o envio de seus filhos para o estudo na Europa, muitas vezes apenas para fins de notoriedade social. Ao regressarem, não raramente também ingressavam no Estado, ocupando cargos tais como de conselheiros, vereadores e até mesmo de prefeitos.

Cheguei onde queria neste primeiro momento. O Estado, no final do século XIX e início do XX, era uma real extensão da família patriarcal. O próprio patriarca e seus filhos – homens! – ocupavam cargos públicos. Nas palavras de Holanda (1995, p. 85), a família patriarcal fornece "o grande modelo por onde se hão de calcar, na vida política, as relações entre governantes e governados, entre monarcas e súditos". E é daí que vem muito de nossos problemas atuais.

Uma grande família. Favores, conflitos – por que não? –, emoções, autopreservação. Troca de presentes. Cobranças. Comemorações. Fofocas. É isso. É o nosso Estado republicano, desde há mais de um século. Pior: o personalismo associado à concentração de poder dá ensejo ao que se denomina paternalismo. Com a sua precisão usual, DaMatta (1986, p. 22)[26] traz a seguinte caracterização:

> [...] No nosso sistema tão fortemente marcado pelo trabalho escravo, as relações entre patrões e empregados ficaram definitivamente confundidas. [...] O patrão, num sistema escravocrata, é mais que um explorador do trabalho, sendo dono e até mesmo responsável moral pelo escravo. [...] isso embebeu de tal modo as nossas concepções de trabalho e suas relações que até hoje misturamos uma relação puramente econômica com laços pessoais de simpatia e amizade [...].

Esse modelo de se gerir a administração pública é conhecido por patrimonialismo, marcado pelos "ismos" – personalismo, clientelismo, fisiologismo e nepotismo – e pelo descaso pelas demandas sociais. O patrimônio público é confundido com o privado por parte de uma aristocracia que deriva sua renda não mais da terra, mas, sim, dos recursos do Estado.

---

[26] DAMATTA, R. *O que faz o brasil, Brasil?* Rio de Janeiro: Rocco, 1986.

Hora de acelerarmos nossa viagem no tempo. Dia 3 de novembro de 1930, 15 horas. Getúlio Vargas assume o comando da Junta Militar Provisória, no Palácio do Catete, Rio de Janeiro. O contexto era problemático: o *crash* da bolsa de Nova Iorque já tinha alcançado nossas terras tupiniquins, com quase seis centenas de fábricas fechadas em São Paulo e Rio de Janeiro por falta de demanda por seus produtos. Salários haviam caído, e o número de desempregados girava em torno de dois milhões de indivíduos.

Desde 1898, esclarece-se, estava em voga a chamada política do café com leite, um acordo entre as oligarquias estaduais e o governo federal durante a República Velha. O nome era alusivo a São Paulo e Minas Gerais, grandes produtores, respectivamente, de café e de leite. O acordo implicava a alternância, no poder, de presidentes da República desses estados, bem como a garantia de que o governo federal conferiria autonomia aos demais estados – que deveriam, por óbvio, zelar pelo apoio de suas bancadas ao presidente. Até 1930, foram 11 presidentes da República, sendo seis paulistas e três mineiros.

No término do mandato do então presidente paulista Washington Luís (1926-1930), a expectativa era que a sucessão ocorresse por um político mineiro. No entanto, o governo federal indicou o também paulista Júlio Prestes, e isso entornou o caldo. Com a liderança de Minas Gerais, Paraíba e Rio Grande do Sul, deu-se forma ao golpe de 1930, pondo fim à República Velha e impedindo a posse do presidente eleito Júlio Prestes, que se dirigiu ao exílio. Tem início do que ficou conhecido como Era Vargas, com duração de 15 anos.

Analisar governos não é tarefa fácil. Há sempre paixões e vieses. A história, como bem sabemos, é contada pelos vencedores. Tudo isso deve, logicamente, ser levado em consideração. Não obstante, ouso navegar por águas menos turbulentas, eximindo--me de debruçar sobre aspectos que possam suscitar embates ante a ideologia própria a seus objetos. Passarei, dessa maneira, ao largo da análise de elementos como o populismo de Getúlio Vargas ou o autoritarismo inerente ao Estado Novo (1937-1945).

A Revolução de 1930 traz novo ímpeto à administração pública. É sob o governo de Vargas que o poder da União se impõe sobre os estados e sobre as oligarquias locais (BRESSER-PEREIRA,

2001).²⁷ A administração pública passa a ser exigida a dar base a uma tardia industrialização do país. A lógica capitalista, em ótica conceitual, é incompatível com práticas patrimonialistas que flexibilizam, indevidamente, as fronteiras entre Estado e mercado. Urgia um modelo de gestão pública que separasse o público do privado, os primeiro e segundo setores.

A reforma burocrática na administração estatal brasileira iniciou-se, de fato, em 1936. Naquele ano, criou-se o Conselho Federal do Serviço Público Civil, consolidado, dois anos depois, no Departamento Administrativo do Serviço Público (DASP). O intuito era se lançar a um projeto desenvolvimentista, baseado em duas vertentes principais, a saber: (i) estabelecimento de mecanismos de controle da crise econômica, resultante dos efeitos da Grande Depressão de 1929, promovendo a alavancagem industrial, e (ii) racionalização burocrática do serviço público, por meio da padronização, normatização e implantação de mecanismos de controle. Vejamos, nesse sentido, o depoimento de Luís Simões Lopes, oficial de gabinete de Getúlio Vargas e presidente do DASP:

> A situação da administração pública brasileira era então [até 1930] das mais lamentáveis, pois fora submetida, durante largos anos, a um regime eminentemente político, em que a escolha para os cargos públicos se fazia sob pressão dos políticos que apoiavam o governo.²⁸

Hora da reflexão. Veja só o que nos traz Paiva (2009, p. 787) acerca da reforma daspiana:

> É o início da construção de uma oposição ainda muito viva no imaginário atual, segundo a qual há uma benéfica neutralidade no campo da técnica e, de outro lado, uma espécie de desvirtuamento constante ou mesmo em potencial no campo da política. No final das contas, na esfera política não se poderia conceber eficiência, pois trata-se de um jogo em que a pauta dos interesses recai invariavelmente nas vontades particulares e privadas, em oposição aos interesses nacionais.

---

²⁷ BRESSER-PEREIRA, L. C. Do Estado patrimonial ao gerencial. *In*: PINHEIRO; WILHEIM; SACHS (Orgs.). *Brasil*: um século de transformações. São Paulo: Cia. das Letras, 2001.
²⁸ Excerto extraído de PAIVA, C. H. A. A Burocracia no Brasil: as bases da administração pública nacional em perspectiva histórica (1920-1945). *História*, v. 28, n. 2, p. 775-796, 2009.

Técnico *versus* político. A discussão sobre essa suposta dicotomia é, com efeito, atualíssima. O assunto é tão amplo que abarca, em si, cultura, patrimonialismo, gestão por resultados, gestão por competências e por aí vai. Eu sempre fui técnico, digamos assim – sem desconsiderar que, uma vez imerso em um campo organizacional, estamos sujeitos a uma gama de vetores de poder, como muito bem nos ensina Bourdieu. O discurso de priorização do corpo técnico na administração pública é bem lembrado, inclusive, quando o corpo político se lança em campanha eleitoral e faz promessas em termos de valorização de servidores de carreira em cargos de direção de empresas públicas, sociedades de economia mista e seus conselhos administrativos.

Vamos adiante em nossa viagem. Estamos, agora, em 1967, três décadas após o início da reforma burocrática. Nesse interstício, após a deposição de Getúlio Vargas, em 1945, a reforma administrativa passou a ser conduzida como "como uma ação governamental rotineira e sem importância, enquanto práticas clientelistas ganhavam novo alento dentro do Estado brasileiro" (BRESSER-PEREIRA, 2001, p. 13). Mesmo após o retorno de Vargas, em 1951, a retomada do ímpeto inicial da reforma burocrática viu-se sem êxito, não chegando a ter impacto efetivo para a administração pública, segundo Bresser-Pereira (2001). Os motivos para tanto reúnem não só o patrimonialismo sempre presente, mas também o fato de que as forças desenvolvimentistas passaram a se opor ao excesso de formalismo burocrático.

Uma primeira tentativa de superação da rigidez – disfuncional! – burocrática é materializada pelo Decreto-Lei nº 200, de 1967, que inaugurou práticas gerencialistas, dentre as quais se ressalta a descentralização para a administração indireta. Ainda em vigor, esse decreto traz comandos que permanecem bastante maduros e oportunos, salientando-se o consignado em seu art. 14 (um mantra a ser repetido diariamente por todos os empreendedores públicos):

> Art. 14. O trabalho administrativo será racionalizado mediante simplificação de processos e supressão de controles que se evidenciarem como puramente formais ou cujo custo seja evidentemente superior ao risco.

Contudo, é apenas em 1995, com a criação do Ministério da Administração e Reforma do Estado (MARE), que toma forma o modelo gerencial de administração pública, sob influência de reformas ocorridas na Inglaterra e Estados Unidos. Há, nesse modelo, a priorização da eficiência na atuação administrativa, a orientação para a obtenção de resultados, a descentralização administrativa e o foco no cidadão, entre outras características. Não me aterei intensivamente, por ora, nesse modelo, optando, ao invés, por uma síntese sob os holofotes da cultura, de autoria de Bresser-Pereira (2000, p. 66):[29]

> A dimensão cultural da reforma [gerencial] significa, de um lado, sepultar de vez o patrimonialismo, e, de outro, transitar da cultura burocrática para a gerencial. Tenho dito que a cultura patrimonialista já não existe no Brasil, porque só existe como prática, não como valor. Esta afirmação, entretanto, é imprecisa, já que as práticas fazem também parte da cultura. O patrimonialismo, presente hoje sob a forma de clientelismo ou de fisiologismo, continua a existir no país, embora sempre.

Dessa sorte, ao se analisarem os traços culturais presentes no setor público brasileiro, é importante considerar a coexistência de práticas inerentes aos modelos patrimonialista, burocrático e gerencial. Em verdade, poder-se-ia afirmar que, no cotidiano administrativo dos órgãos e das entidades governamentais, valorizam-se, no discurso, as rotinas gerencialistas, cujas implementações são dadas, equivocadamente, por meio de novas rotinas disfuncionalmente burocráticas, tendo por pano de fundo a *práxis* personalista/patrimonialista não extirpada.

Já no ponto final de nossa viagem, não menos importante é nos apropriarmos de fugaz (auto)análise. Tracemos um *perfil imaginário de um empreendedor público*:

- deseja alterar o *status quo* vigente;
- entende o quanto as práticas patrimonialistas e a troca de favores são danosas ao interesse público e à dinâmica de livre concorrência do mercado;
- zela pelo trinômio impessoalidade-racionalidade-profissionalismo;
- é fã da meritocracia, surpreendendo-se positivamente, por exemplo, com as iniciativas de se instaurar processo seletivo

---

[29] BRESSER-PEREIRA, L. C. A Reforma Gerencial do Estado de 1995. *Revista de Administração Pública*, v. 34, n. 4, p. 55-72, 2000.

para os cargos de vice-presidentes da Caixa Econômica Federal e da Embrapa;
- consegue ver ganho em se terem as regras e os processos bem definidos, desde que visem à eficiência e com a previsibilidade da atuação dos agentes.

Então, caríssimo(a), você está mais próximo de Getúlio Vargas – e de Max Weber – do que de Peter Drucker. O perfil acima é típico de quem almeja inserir os ideais de uma organização burocrática em um meio arbitrário e corrompido dolosa e/ou culposamente. Sua luta é a mesma – guardadas as devidas proporções e as motivações casuísticas – da faceada pelo governo Vargas na década de 1930.

Aliás, em quiçá ousada análise, os esforços do Decreto-Lei nº 200/67 e até mesmo da reforma gerencial possam ser interpretados como tentativas de se resgatar o ideal burocrático weberiano. E, até hoje, repetimos um *script* vivenciado pela reforma daspiana.[30]

Eis o que justifica a *hashtag #somostodosgetúlio*. Oitenta anos depois. Talvez seja esse um tempo muito curto para se mudar uma cultura ou se alterarem as deformidades políticas. De mais relevante, fica a noção de que você não colocará o homem na Lua. Não será, provavelmente, o protagonista da maior transformação já vista na administração pública. Getúlio não foi. Bresser Pereira tampouco. Mas, ainda que patinando e com a sensação de não sair do lugar, você conseguirá colocar alguns tijolos no muro. E isso é muito.

Fiquei pensando um pouco nas conclusões desta seção, no quanto um empreendedor público está próximo da teoria da burocracia weberiana, e acabei concluindo que outro resgate histórico pode ocupar um lugar bacana neste capítulo. Na cronologia das teorias administrativas (desenvolvidas na lógica do setor privado), onde a administração pública brasileira realmente se situa? É o que discutiremos em seguida.

---

[30] Diversos escândalos de corrupção, eivados por patrimonialismo, seguidos pela tentativa de implantação de artefatos de governança que tentem assegurar a impessoalidade na gestão. Isso se aplica tanto ao início do século XX (reforma de 1936), quanto ao início deste século, pós-Lava Jato. Mesmo *script*.

2.2 "O que você vai ser quando você crescer..." e o valor de nossos pais

Canvas. *Design thinking*. *Design sprint*. Ideação e prototipagem. Gestão de riscos. *LEGO Serious Play*. Gamificação. *Scamper*. Se você achava que *brainstorming*, BSC e matriz SWOT eram o estado da arte em termos de ferramentas de gestão, sinto dizer que há a necessidade de alguma atualização.

Os mais atentos poderão testemunhar acerca da miríade de técnicas de administração que borbulham em anos recentes, muitas das quais com gênese em incontáveis laboratórios de inovação e *think tanks*. O novo substitui o velho, diriam. Acabo de ler em uma matéria da revista *Exame*[31] que a minha geração (geração Y ou *millenial*), aliás, é coisa do passado. Isso poderia, de certa forma, me incomodar, já que faço quarenta anos em dezembro. Será que passarei a lutar contra a minha própria obsolescência em meu futuro? Releio trecho da matéria:

> Os *millennials* são de fato fascinantes: estão sempre conectados, são questionadores, priorizam a experiência em detrimento da posse, são embaixadores da sustentabilidade. Mas os jovens de hoje são os velhos de amanhã. E, em dezembro de 2017, os *millennials*, lamentamos informar, são coisa do passado. Eles continuarão por aí por décadas e décadas. Gastarão cada vez mais, terão filhos, netos, bisnetos. Mas quem vai ditar a forma como as empresas atuam, e como a roda do consumo gira, na próxima década será a geração Z, a que nasceu de 1995 a 2010 — e tem, portanto, de 7 a 22 anos de idade.

Como não se preocupar com tão contundente análise? Aprofundei-me rapidamente no estudo das gerações – acho esse assunto fascinante, em verdade. Quem sabe não acharia um artigo que diria ser eu um membro da geração Z, que herdará a hegemonia das organizações em pouquíssimos anos? Ou que haverá uma espécie de *revival* dos *millennials*, e seremos (re)descobertos como seres extraordinários e admiráveis?

---

[31] Disponível em: https://exame.abril.com.br/revista-exame/os-millennials-lamentamos-informar-sao-coisa-do-passado/. Acesso em: 01 set. 2018.

Para a minha infelicidade, não tive êxito. Pior: descobri que nem da geração Y eu sou. Tendo nascido em 1978, estou entre as gerações X e Y – sou um *xennial*, sendo esta uma microgeração que faz a ponte entre as duas. Que fase... a última geração que cresceu sem internet, que viu o surgimento dos telefones celulares, que usava telefone fixo para ligar para os amigos. Uma geração naturalmente analógica, mas que se transformou em digital; que gravava músicas diretamente do rádio em fitas cassetes e ficava p$#% da vida quando o locutor falava no meio da música que estava sendo gravada.

Se o *millenial* estava em uma situação crítica, imagine o *xennial*. Talvez fosse eu um dinossauro em gestação.

Fiz uma pausa na escrita do livro. Hoje é um sábado, e eu treino pela manhã. Ainda não comentei, mas eu levo uma rotina de atleta, dentro do possível. Alimentação saudável. Durmo cedo. Acordo (muito) cedo. Corro ultramaratonas. Esse tipo de coisa. E, no meu longão de hoje, fiquei pensando sobre a longevidade da minha vida útil organizacional. Tentava afastar qualquer sensação de esmorecimento – profissional! – acelerando minha corrida. Por duas horas, mantive um bom ritmo, superior à maioria dos corredores que encontrava pelo caminho – alguns vários *millenials*, diga-se de passagem. Ao final, contudo, fui ultrapassado por um senhor de mais idade. Uns 55 anos, estimei. Outra geração (X!). Fiquei feliz.

Este é um livro sobre empreendedorismo. Inovação. O novo deve ser melhor do que o velho, uma premissa básica. Em seara de gestão, *insights* e teorias novas devem, nessa lógica, aperfeiçoar as visões pretéritas. A geração Z certamente tornará arcaicos os princípios administrativos do passado. Será que já não o fez? Nesse raciocínio, resolvi dar uma revisitada na cronologia das teorias administrativas em recorte temporal que se limita à década de 1970.[32] Vejamos o esquema:

---

[32] O recorte é apenas para fins ilustrativos. Fato é que, desde a década de 1960, há uma explosão de teorias: ecológica, institucional, competitiva (de Michael Porter), estratégica, crítica, teorias políticas, culturais...

CAPÍTULO 2
INTRAEMPREENDEDORISMO NO SETOR PÚBLICO BRASILEIRO: UM RETRATO DO PRESENTE...

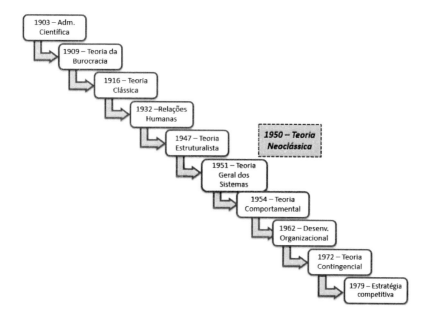

O roteiro acima é, na realidade, uma representação histórica a respeito de qual variável organizacional, à sua época, foi merecedora de atenção por quem pensava o melhor modo de se fazer gestão. Tarefas, estrutura, pessoas, ambiente, tecnologia e competitividade – eis o caminho percorrido pelo gradativo desenvolvimento da teoria geral da administração.

Se eu, um *xennial*, em curto espaço de tempo serei incapaz de ditar como as organizações funcionam, conforme preconiza sombriamente a matéria citada, fico imaginando quão ultrapassadas seriam as diretrizes das primeiras teorias administrativas constantes do rol acima. Completo *nonsense* em dias de tão elaboradas técnicas de gestão, de interesse apenas para a *arqueologia administrativa*, se é que isso existe.

Para não perder tempo, minha melhor opção seria, com a devida brevidade, tomar ciência de um compêndio de princípios que compõem o estado da arte da gestão organizacional – aquilo que se toma por acurado atualmente e que deve ser levado em consideração por um empreendedor, seja ele público ou privado. Após diligente pesquisa, chego a termo, *sendo capaz de sintetizar o que há de concreto nos dias atuais e que, após mais de um século de teoria geral* da administração, integra o arcabouço das competências de um protagonista da geração Z. Eis o valioso rol de preceitos:

> 1) O tratamento das pessoas, no ambiente organizacional, deve ser isonômico e justo, reconhecendo-se o direito de cada um. Os indivíduos devem ser tratados com benevolência e justiça, não excluindo a energia e o rigor quando necessários.
> 2) Deve-se fomentar a capacidade de concepção e de execução de planos de ação.
> 3) As ordens material (disposição física dos recursos de forma racional e a fim de se evitar desperdícios) e social (em termos de divisão de responsabilidade e autoridade) são pontos centrais para o sucesso da organização.
> 4) As expectativas, em termos de metas a serem atingidas, devem ser claras a todos os envolvidos.
> 5) Cada colaborador deve receber ordens de – e se reportar a – apenas um superior, evitando, assim, conflitos. Deve, ainda, prestar contas de sua atuação.
> 6) A especialização dos colaboradores é fundamental à eficiência processual.
> 7) As atividades centrais da organização (= core business) devem ser executadas e controladas de forma centralizada.
> 8) A remuneração deve ser justa, pelos impactos tanto na organização quanto na percepção do colaborador, de acordo com suas atividades.
> 9) Deve-se buscar a harmonia e a cooperação na equipe de trabalho, de modo a prover um efeito sinergético no desempenho da organização.
> 10) A equipe deve ser mantida ao longo do tempo, de modo a possibilitar o seu desenvolvimento.

Remuneração, gestão por competências, metas claras, especialização, desenvolvimento e administração de equipes, disposição de recursos, sistemas de autoridade e responsabilidade. Uau!

Antes que você chegue ao seu trabalho e reúna sua equipe a fim de divulgar os 10 *princípios mais sinistros de administração*, consolidados acima em exaustivo esforço, tenho que fazer breve confidência: o inventário de orientações acima é de autoria do engenheiro de minas Jules Henri Fayol, nascido em 29 de julho de 1841, em Istambul. Fundador da teoria clássica da administração, publicou, ainda em 1916, o livro *Administration industrielle et générale*, obra seminal à administração enquanto ciência e que estatui não só as funções administrativas (previsão, organização, comando, coordenação e controle), mas também os princípios sumarizados acima.

Minha tentativa de conduzir – e induzir – o seu raciocínio, caro(a) leitor(a), a fim de atestar a validade contemporânea dos ensinamentos de Fayol não implica a desconsideração dos ganhos advindos das correntes acadêmicas que sucederam a teoria clássica. Não se olvida, ainda, que a própria teoria clássica ressurge em releitura mais robusta na década de 1950, mediante a chamada teoria neoclássica. O que pretendo é, tão somente, suscitar breve reflexão: *será que as novas concepções teóricas, no campo da gestão, diferem de forma abissal das clássicas? Será que o novo não é, na realidade, o almoço requentado diversas vezes no micro-ondas?*

No mais, escusando-me por não adentrar de forma pormenorizada nas características de cada teoria administrativa do último século, há de se reconhecer que a gestão pública brasileira se vale de duas correntes teóricas principais, a saber: (i) a burocrática, concebida por Max Weber em 1909 e que dá base à reforma daspiana, e (ii) a neoclássica – em especial a sua vertente mais pragmática, denominada administração por objetivos (APO), cujo maior expoente é, justamente, Peter Drucker –, que dá o esteio ao gerencialismo.[33] Assim, estamos, na gestão pública, vivendo sob a égide de paradigmas teóricos que foram concebidos há 110 e 65 anos, respectivamente, sem esquecer, por óbvio, que sofreram evoluções incrementais em suas premissas desde então. Nada é tão novo assim, não é mesmo?

Nesta última semana, saí do trabalho um pouco antes do almoço para pegar meus filhos na escola. No caminho, peguei-me ouvindo, na rádio, a música *Pais e filhos*, da Legião Urbana – uma banda, conjeturo, curtida por *xennials*. Em parte da canção, Renato Russo canta:

> Você culpa seus pais por tudo, isso é absurdo
> São crianças como você
> O que você vai ser
> Quando você crescer

---

[33] Os próprios Osborne e Gaebler, autores da obra central às reformas gerencialistas na Inglaterra e nos Estados Unidos – *Reinventando o governo*, de 1992 –, atribuem a Peter Drucker o mérito alusivo às críticas sobre a falência do modelo organizacional burocrático.

E, talvez, seja assim mesmo. Culpamos os que nos antecederam pelas deficiências de gestão de hoje. Pela falta de inovação. No entanto, chegada a nossa vez, comportamo-nos como "nossos pais". O abismo nos olha e nos molda, já nos alertou Nietzsche. Mudamos a roupagem, mas o cerne, não. Fayol quem o diga. Isso, esclareço, não é ruim. Pelo contrário. *O que é ruim, presumo, é não saber onde estamos, nossa história*, e achar que evoluímos enquanto estamos andando em círculos. Afinal, empreendedor público, agora #somostodosgetúlioweberdrucker... e... *fayol*.

Chamei meus filhos. São 9h09 de um domingo. Perguntei:

– Catarina e Matheus, quando vocês crescerem, vocês vão querer fazer as coisas melhor do que o papai? – pesquisava, eu, o ímpeto de inovação de uma nova geração e diagnosticava, ao mesmo tempo, em quais campos meus pequenos ultrapassariam em *expertise* esse futuro velho *xennial*.

– Eu ainda não sei – respondeu Catarina, com o indecifrável poder de não se comprometer com suas assertivas. Ela, definitivamente, vai longe nessa vida!

– Sim – disse Matheus, com personalidade própria.

– E o que você vai querer fazer melhor do que o papai? – fiz, com curiosidade, nova indagação a Matheus.

– Chutar a bola.

Pronto. Parei tudo. Reconhecer que o pequeno colherá os frutos dessa inovação com relação a seu pai... que vergonha... essa eu não poderia deixar passar. Fui jogar bola com ele.

CAPÍTULO 3

OS LUGARES MAIS QUENTES DO INFERNO... OU ALGO PIOR?

Os lugares mais quentes do inferno são reservados àqueles que, em tempo de crise moral, optam por preservar sua neutralidade.

Meu pai faleceu em 2014 em decorrência de um câncer abdominal, o qual administrara[34] por cerca de dez anos. Essa é uma história que abordarei, inevitavelmente, mais adiante e que guarda surpreendente conexão com esta obra.

Reli o parágrafo acima. Poderia ter começado este capítulo de um jeito mais suave, reconheço, mas abordar tal assunto com brandura envolve habilidade que me é estranha na atualidade.

Em 2015, comecei a cumprir uma promessa que havia, talvez subconscientemente, feito no ano anterior. Iniciei um trabalho voluntário junto à Rede Feminina de Combate ao Câncer de Brasília (RFCC), uma organização sem fins lucrativos de mais de duas décadas de história que capitaneia trabalho seríssimo voltado a pacientes mulheres em tratamento de câncer e que provê suporte aos familiares e acompanhantes. A missão da Rede, a meu ver, é uma das mais belas que já li: *doar amor, enxugar lágrimas e provocar sorrisos.* Ah, se tivéssemos mais missões assim!

A RFCC atua no Hospital de Base de Brasília, sendo este uma unidade pública que, em 2018, passou a ser administrada por

---

[34] Logicamente, ponderei se "administrar" seria o verbo adequado nesse caso. Creio que, ao considerarmos tão dilatado interregno – 10 anos! –, seja sim. Aliás, esse é o principal desafio do paciente de câncer: chegar a um patamar em que consiga gerir a doença. Serei mais claro, como disse, mais adiante, neste livro.

um instituto sem fins lucrativos. Estive lá, pela primeira vez, em uma tarde do mês de fevereiro de 2015 a fim de conhecer melhor a organização e verificar suas necessidades imediatas. Foi quando encontrei Vera Lúcia Bezerra, coordenadora dos trabalhos da RFCC naquele hospital. Pausa. Se você quer ver na prática o que é empreendedorismo, tire um tempo e vá conhecer a Vera. Nenhum livro, nenhum curso, nenhum *webinar* ou TED *talk* sequer chegará perto do que você verá.

Empreender é, em sua gênese, uma tarefa árdua. É assim no Vale do Silício, em parques tecnológicos ou em órgãos públicos que gozam de estrutura e de pessoal capacitado. É um desafio em incubadoras ou em *startups* patrocinadas generosamente por anjos. Porém, ouso dizer que empreender em um hospital público brasileiro, onde a estagnação custa vidas e tudo conspira contra a melhoria, por menor que ela seja, é insano. Hercúleo. E Vera é a personificação da inovação no ambiente mais desfavorável. *Lidera um grupo de mulheres voluntárias que são mais do que agentes de transformação: são esperança.*

Chego à sala da Rede Feminina no Hospital de Base. Sou recebido pela Darci, uma senhora que mesclava a doçura da cordialidade e a sensatez do profissionalismo – e que viria a ser uma amiga, acima de tudo. Apresentei-me e disse que gostaria de contribuir com a Rede. A conversa fluiu naturalmente. Darci disse que gostaria de me apresentar Vera, mas que eu teria que aguardar um pouco, já que ela estava em outro local no hospital. Esperei alguns minutos. Vera entrou na sala.

– Quem é você, meu filho? – perguntou Vera, com uma energia fora do comum.

– Meu nome é Renato – respondi.

– Renato de onde? – interpelou Vera, evidenciando a objetividade daqueles que não têm tempo a perder.

– Como assim? Sou só Renato – disse eu, já com certo receio.

– Mas qual a sua organização? – entendi, após, que muitos vão à Rede representando alguma organização, o que não era, obviamente, o meu caso.

– Nenhuma. Venho para ajudar com doações. Queria saber qual a necessidade atual da Rede – anunciei de uma vez, na expectativa de passar logo a minha mensagem. Sabia que mais alguns segundos e Vera iria embora, já que transparecia um ritmo que não permitia permanecer estática por mais tempo.

— Precisamos de esparadrapo. O hospital está sem esparadrapo – afirmou Vera, olhando em meus olhos.

— Como assim? – reagi, quase como reflexo.

— Meu filho, aqui é desse jeito.

— Ok. Vou providenciar.

Despedi-me de Vera e de Darci um pouco desconcertado. O buraco era mais embaixo do que previa – e olha que eu já esperava demandas básicas. Mais adiante, com os anos, acostumei-me às necessidades – material de higiene, cestas básicas, roupas, cadeiras de rodas... – num panorama em que as doações nunca eram o suficiente em face de um quadro de carência generalizado.

Esparadrapo. Um hospital público enorme na capital do país. Faltavam, ainda, como vim a saber depois, analgésicos e anticoagulantes. Tal conjuntura perpetua-se no tempo, replicada perversamente em inúmeros hospitais públicos brasileiros. Sondas uretrais, luvas, fraldas de todos os tamanhos, máscaras, agulhas, coletores de urina... o cenário é crônico e perene.

A proximidade física desse palco digno de guerra ao Congresso Nacional, meu – então – local de trabalho, impactou-me. São apenas 4 km que revelam um abismo entre o orçamento bilionário da Câmara dos Deputados e a míngua de recursos do Hospital de Base. Não que eu não imaginasse as mazelas de um hospital público, mas presenciar *in loco* suscita dimensões mais agudas à realidade prenunciada.

Realidade. Um olhar mais detido a ela traz *insights* que, por vezes, gostaríamos de não trazer à tona.

Em um mundo ideal, a Rede não seria necessária. Não existiria. A política pública de saúde – especialmente os seus processos logísticos – seria executada a contento, e todo amparo médico e social seria ofertado aos pacientes e seus familiares. A Rede ataca os sintomas, mas nunca as causas – e nem poderia ser diferente. Enxuga gelo há vinte anos e, dado o prognóstico, fará isso pelos próximos vinte.

Não se preocupe, minha ousadia não é tanta a ponto de que me delongue em análises nunca conclusivas sobre a saúde pública nacional. A questão aqui é outra. A maturidade profissional faz com que hoje eu questione a realidade – especialmente aquela que decorre de vícios morais e da falta de governança – e conjeture soluções, passando a criar meios para alterá-la. Entendo que empreendedorismo – público! – tenha muito a ver com isso. O quanto aceitamos a realidade como posta e, em contrapartida, o quanto a vemos como passível de mudança. O quanto nos mantemos neutros e imparciais em face de situações que vão de encontro aos interesses da sociedade ou o quanto estamos dispostos a tomar partido e a questionar o *status quo* de uma maneira ética e consciente, além de tecnicamente consistente.[35]

Pronto. Esses são pontos críticos a serem visitados neste capítulo. Como você vê a sua realidade? Quanto você está disposto a sair da quietude dos que evitam os conflitos em prol do interesse público? As respostas, ainda que de cunho pessoal, têm surpreendente esteio na literatura, seja ela clássica ou acadêmica. É o que veremos a seguir.

3.1 Um brevíssimo preâmbulo sobre a leitura, o abandono e o resgate da poesia

Gosto de ler. Já disse isso? Desculpe caso já o tenha feito. Sendo este um diário, sinto-me confortável em dizer que tive que me ausentar da escrita na última semana. Sou – não somos todos? – um recurso escasso – as prioridades, por vezes, nos roubam nossos prazeres. Retomo, contudo, esse prazer em um domingo seco de maravilhoso sol e céu sem nuvens. Posso, assim, ter me esquecido de pormenores descritos em páginas passadas. Mas, de toda sorte, (re)afirmo: adoro ler.

Minha mãe, por certo, foi marcante em incutir em mim o gosto e o hábito pela leitura. Ávida leitora que era, devorava obras de enorme

---

[35] Acabei de enviar um *e-mail* à Gerência de Compras e Contratos do Instituto Hospital de Base. Pedi uma reunião para que o Laboratório de Inovações em Compras da Câmara dos Deputados – unidade que dirijo (dirigia), em conjunto com a Central de Compras daquele órgão legislativo – pudesse desenvolver projeto em parceria com aquele instituto de sorte a otimizar o fluxo de contratações.
Nota cerca de sete meses depois: eles não responderam ou não demonstraram interesse suficiente, mas agora, como Secretário-Adjunto de Gestão do Ministério da Economia, tentarei novamente. Segue a investida de mudar a realidade!

calibre com uma rapidez impressionante – raríssimo o dia em que não lia – e, na minha infância, apresentava-me ao mundo literário, tecendo uma linha de rico aprendizado que muito bem fez à minha formação. Com cerca de oito ou nove anos, já havia lido algumas das obras de Mark Twain – *As aventuras de Tom Sawyer* e sua sequência, *As aventuras de Huckleberry Finn*, bem como *O príncipe e o mendigo* – pseudônimo de Samuel Clemens, considerado o pai da literatura americana.

Até a pré-adolescência, havia provado amostra da melhor qualidade da literatura infantojuvenil.[36] Alexandre Dumas e seus clássicos *Robin Hood* e *os três mosqueteiros*; *Meu pé de laranja lima*, de José de Vasconcelos; algumas obras de Monteiro Lobato; o *O jardim secreto*, de Frances Burnett; *Robinson Crusoé*... recordar isso me traz certa nostalgia. Sabe, aquelas memórias que te transportam para um mundo de recordações? Memórias com cheiro, com paladar. Desse tipo.

Lá pelos meus dezesseis anos, o rol havia se ampliado: *O conde de Monte Cristo*; *Metamorfose*, de Franz Kafka; *O apanhador no campo de centeio*; alguns ótimos livros de Jorge Amado – destaque para *Capitães da areia*; *Vidas secas*; *O nome da rosa*; *O morro dos ventos uivantes*; *Histórias extraordinárias*, de Edgar Allan Poe; *Cândido ou o otimismo*, de Voltaire. A lista é extensa. E, mais ou menos nessa época, tive relação efêmera com a poesia, expressão que aqui remeto aos textos líricos em verso. Carlos Drummond de Andrade, Cecília Meireles, Mário Quintana, entre outros. Confidencio, cá entre nós: não me empolguei em nada com eles.

Justiça seja feita: *Morte e vida Severina*, obra-prima do poeta pernambucano João Cabral de Melo Neto, consubstanciou honrosa exceção. Hoje, já pai de dois filhos, vejo o quanto é denso e repleto de significados, por exemplo, o final da história de Severino, um retirante que percorre longa jornada desde o interior do sertão nordestino até a capital Recife e que, decepcionado após concluída a viagem, é dissuadido de suicídio pelo mestre Carpina, que lhe apresenta o seu recém-nascido filho:

> *E não há melhor resposta*
> *que o espetáculo da vida:*
> *vê-la desfiar seu fio,*
> *que também se chama vida,*
> *ver a fábrica que ela mesma,*

---

[36] Lia, em paralelo, gibis, não se preocupe.

> *teimosamente, se fabrica,*
> *vê-la brotar como há pouco*
> *em nova vida explodida;*
> *mesmo quando é assim pequena*
> *a explosão, como a ocorrida;*
> *como a de há pouco, franzina;*
> *mesmo quando é a explosão*
> *de uma vida Severina.*

Entretanto, particularmente decepcionante foi meu contato com as poesias de cunho épico e alegórico. Trata-se de texto mais narrativo, mas ainda estruturado em versos, e que relata uma coleção de feitos ou de fatos heroicos de indivíduos reais, fictícios ou mitológicos. Nesse bojo, sublinho três obras tidas como expoentes históricos do gênero: *Ilíada*, de Homero; *Os lusíadas*, de Camões; e *A divina comédia*, de Dante Alighieri.[37]

Vejamos o caso da *Ilíada*. Uma das obras mais importantes da literatura mundial. Milhares de versos. Um enredo digno de Hollywood: aliás, foi, de certa forma, retratado no filme *Troia*, que contou com estrelas como Brad Pitt e Orlando Bloom. *Ilíada* reúne todos os ingredientes para cair nas graças do mais arredio leitor: possui ação, romance, filosofia, fofoca e intriga. Afinal, uma guerra que tem sua gênese na traição de Helena, uma princesa que foge de seu marido (Menelau) para ficar com Páris, um rapaz meio inconsequente da nobreza troiana, é *script* de sucesso em qualquer novela nacional. No entanto, a linguagem extremamente rebuscada e a intensiva sucessão de combates não me cativaram em nada. Lembro-me de minha sensação ao tentar, em vão, chegar ao final do inacabável texto: parecia que havia ingressado em um *looping* de combates, funerais e choradeiras dignas de heróis com baixíssima maturidade emocional.

Os lusíadas, de Luís Vaz de Camões, é, analogamente, um poema com milhares de versos. É uma epopeia que narra as conquistas do povo português à época das grandes navegações, destacando-se a viagem de Vasco da Gama às Índias. Com 15 ou 16 anos, eu não estava pronto para a estruturação da linguagem de

---

[37] Há, ao menos, mais duas obras que mereceriam destaque: *Odisseia*, também de Homero, e *Eneida*, do poeta romano Virgílio.

Camões. A sintaxe truncada e a fixação na métrica decassílaba eram cansativas demais para mim. Não rolou. Por fim, chegamos à obra à qual me deterei mais. Meu primeiro contato com *A divina comédia* deve ter sido, da mesma forma, com meus 16 ou 17 anos. O rigor de simetria da forma textual e o desconhecimento acerca de uma série de referências empregadas pelo autor fizeram com que eu me desinteressasse com frustrante celeridade. Dante Alighieri assume que o leitor é versado em história, filosofia, religião e em meandros da política local italiana do século XIV – ah, o desprevenido leitor também deve saber um pouco de latim e de ter uma boa experiência de vida. E, convenhamos, com essa idade, é muito difícil preencher esses requisitos. Definitivamente, não era o meu caso. Abandonei a obra, ou melhor, abandonei a poesia por um bom tempo – mais precisamente por 15 anos.

Em 2009, comecei o mestrado em Administração. Passara, ao longo desses quinze anos, por uma formação acadêmica e profissional que privilegiara uma espécie de objetividade quantitativa: foram três anos de engenharia química na USP (curso que abandonei) e cinco anos na Escola Naval, onde me formei oficial de Marinha (Corpo da Armada) com habilitação em mecânica. Meu pensamento – já predisposto a isso – era, sobretudo, esteado no ramo das exatas, por assim dizer. Contudo, eis que chega minha primeira aula, ainda como aluno especial, no mestrado, a qual narrarei mais à frente. Lembro como se agora fosse. A disciplina era Organizações, Instituições e Cultura, ministrada pela exigente professora Eda Lucas, que viria a ser minha orientadora de mestrado e, depois, de doutorado.

Nem preciso dizer que tive que passar por uma desconstrução e reconstrução ao longo do curso. O mundo era muito mais subjetivo do que me ensinaram nas aulas de cálculo. Ingressei no estudo da sociologia e acabei me voltando a uma temática pela qual me apaixonei: cultura. As leituras, para mim, eram árduas, a princípio. Durkheim, Bourdieu, Giddens, Turner... sinistro. No entanto, resgataram uma lacuna em minha formação – a subjetividade como linha de pensamento – e, em algum momento inicial do curso, tive breve contato com o livro *The Metaphysics of Dante's Comedy*, de autoria do professor Christian Moevs. Foi o suficiente para que eu retomasse o poema. Agora, com outros olhos.

3.2 Kennedy, o inferno de Dante e a neutralidade do homem

Dante Alighieri nasceu na Itália, em 1265, sendo filho de importante família da sociedade florentina. Gozou, nessa condição, da possibilidade de ter sólida instrução, dela fazendo parte as chamadas artes liberais medievais, segmentadas no *Trivium* (gramática, retórica e dialética) e no *Quadrivium* (música, astronomia, geometria e aritmética). Estudou, ainda, poesia toscana e formou-se médico e farmacêutico – ainda que não tenha exercido essas profissões.

Em visão *en passant*, Dante centrou-se na vida militar e política da época. Combateu, ao lado dos cavaleiros florentinos, na batalha de Campaldino contra os guibelinos de Arezzo. Porém, foi o seu envolvimento político que acabou lhe causando sérias adversidades. Chegou a ser um dos seis priores que governavam Florença, como parte do chamado Conselho dos Cem. Tudo ia bem, mas... foi arrumar problema com a Igreja. O papa Bonifácio VIII tinha a intenção de ocupar militarmente Florença. Dante, em resistência, chefiou delegação a Roma para indagar as intenções do pontífice. Não deu certo. O poeta ficou retido em Roma enquanto Carlos de Valois, irmão do rei da França e enviado por Bonifácio, invadiu Florença e devastou a cidade, matando parcela considerável dos chamados guelfos brancos,[38] dos quais Dante era partidário. Acabou exilado de Florença, tendo passado os últimos vinte anos de sua vida morando em outras cidades do norte da Itália, tais como Verona e Ravena.

Já no exílio, escreveu a obra máxima da literatura medieval: *Comédia*.[39] Foi Giovanni Boccaccio, poeta e crítico literário, que, no século XIV, fascinado com a grandeza do texto, acabou por renomear

---

[38] Como vocês já puderam perceber, eu gosto de história. Fico me segurando, em certos aspectos, para que este diário não vire uma espécie de reflexões pessoais sobre a história mundial. Bom, o conflito entre guelfos e guibelinos é um pouquinho confuso. Foram essas duas facções políticas que lutaram no norte da Itália, a partir do século XIII. Em geral, os guelfos eram de tendência democrática e se apoiavam no papa em prol do nacionalismo italiano. Já os guibelinos eram de tendência aristocrática e partidários do imperador, no qual se apoiavam. No entanto, os guelfos acabaram divididos em dois: os negros, radicais que apoiavam fortemente o papa, e os brancos, moderados, que apresentavam comportamento análogo aos dos guibelinos.

[39] O nome *Comédia* justifica-se por narrar uma história que acaba bem para o personagem; contrapõe-se a outro estilo clássico: a tragédia.

o poema como *A divina comédia*. De estrutura épica, foi escrito na língua toscana (considerada, à época, um dialeto sujo e vulgar), e não em latim, como era comum. A opção de escrever o grande poema em italiano, associada à invenção da prensa de Gutenberg no século XV, culminou na adoção do dialeto toscano como uma das bases da língua italiana moderna. Não menos relevante é apontar *A divina comédia* como responsável por influenciar muito das alegorias do cristianismo, sendo citada nos mais diversos pontificados. Papa Francisco, por exemplo, já se referiu a Dante como o profeta da esperança e à *Comédia* como possível de ser lida como "um grande itinerário, uma peregrinação verdadeira, tanto pessoal e interior, quanto eclesiástica, social e histórica, em que a humanidade é chamada a abandonar o caminho que nos torna ferozes para chegarmos a uma nova condição, marcada pela harmonia, pela paz e pela felicidade".[40]

Antes que me acusem de transformar este livro em misto de crítica literária e biografia, vamos logo ao enredo. A obra conta a história da jornada do próprio Dante, que segue em viagem espiritual passando pelo inferno, purgatório e paraíso, sendo esses os nomes dos três livros que compõem o poema – cada um constituído de 33 cantos (exceção ao primeiro livro, que contém um canto adicional, a título de introdução). O guia de Dante nessa empreitada é inicialmente o famoso poeta italiano Virgílio, autor do igualmente famoso poema épico *Eneida*. Já ao paraíso, quem serve de guia é Beatriz, o grande amor platônico de Dante. Virgílio não pôde acompanhá-lo, pois sua alma está ainda presa ao purgatório.

A jornada de Dante é uma ode à ética como norteadora dos caminhos a serem escolhidos pelos homens. O poeta florentino retrata, no inferno, muitos personagens reais e contemporâneos seus que, em sua visão, demonstraram falhas morais contundentes, destacando-se a tirania, a corrupção e a injustiça. Não poupa nem mesmo os papas Nicolau III e Bonifácio VIII.

O livro mais discutido da *Comédia* é, sem equívoco, o *Inferno*. É o que dá mais ibope, talvez pela própria natureza humana de ser atraída pela obscuridade. No início do poema, Dante se vê em

---

[40] Esse excerto consta de mensagem enviada pelo papa Francisco para o então presidente do Conselho Pontifício para a Cultura, Gianfranco Ravasi, por ocasião do 750º aniversário de Dante Alighieri, em 2015.

uma selva escura, uma vez que havia, em sua vida, se afastado do caminho correto. Não conseguia escapar, pois três feras – uma pantera, um leão e uma loba – o repeliam de volta. É quando Virgílio, enviado por sua amada Beatriz, aparece, propondo uma viagem de resgate espiritual desde o inferno até o paraíso. Eis que, no Canto III, os poetas chegam às portas do inferno. "Deixai, ó vós que entrais, toda a esperança", restava gravado em letras escuras, na entrada.

Dante inicia minudente exposição topográfica do inferno. As descrições são de tal forma medonhas e terríveis que se passaram a empregar, doravante, o adjetivo *dantesco*, referindo-se a algo que é assombroso e de uma grandiosidade assustadora. Divide o inferno em nove círculos concêntricos e descendentes, dispostos na forma de um funil que segue em direção ao centro da Terra. Em cada círculo e conforme se aprofunda em seus meandros, são punidos pecados distintos, de acordo com o seu grau de severidade. Cada círculo é, ainda, dividido em fossos, numa espécie de categorização macabra dos vícios humanos: virtuosos e não batizados, luxuriosos, gulosos, avarentos e esbanjadores, irados e rancorosos, hereges, violentos e fraudadores; no nono círculo, habitam os traidores, a quem Dante atribui o pior dos pecados. Neste último círculo, o próprio Lúcifer se encarrega de torturar os que traíram seus benfeitores.

É atribuído ao pintor renascentista italiano Sandro Botticelli uma das principais retratações artísticas do inferno de Dante (outras retratações de realce são atribuídas a Gustave Doré e a Salvador Dalí). O Mapa do Inferno de Botticelli – que vemos acima[41] – é, conjeturo, a sua obra mais icônica e com inestimável valor histórico.

Uma inquietante digressão: os pecados de ontem ainda são os pecados de hoje. Sete séculos após a conclusão da *Comédia*, pouco mudou, penso, no que concerne à natureza humana. E, não se esquecendo de que este é um diário sobre empreendedorismo público, interessante é a visão que Dante conferiu a dois dos maiores vícios que os agentes governamentais podem incorrer: *corrupção* e *omissão*.

O oitavo círculo do inferno – assim denominado *Malebolge* ("vala maldita") –, na concepção dantesca, é destinado aos *corruptos*. Em especial, seu quinto fosso é o local para os que desviaram dinheiro público, deixando as populações sem atendimento médico, comida, entre outros. Também ali se encontram os que negociaram cargos públicos. Os pecadores, nessa condição, remanescem submergidos em piche fervente, e os que tentam ficar com a cabeça acima do lago incandescente são afligidos por flechas atiradas por demônios. Uau!

Brevíssimo parêntese: no dia 14 de setembro de 2017, a Polícia Federal e o Ministério Público Federal cumpriram mandados de busca e apreensão no Mato Grosso com o intuito de recolher provas de pagamento de propina a membros do Poder Legislativo daquele estado. Tratou-se, justamente, da operação denominada *Malebolge*. Nada mais atual.

Não só os que agem com dolo são punidos no inferno de Dante. Os *omissos* ou *negligentes* também o são. Dante coloca-os antes do primeiro círculo do inferno. Há, na concepção do autor, um vestíbulo do inferno, uma espécie de antessala, separado do limbo (primeiro círculo) pelo rio Aqueronte. Dante vale-se da mitologia grega, referindo-se ao rio de águas turbulentas que delimita o inferno e que é atravessado por Caronte, o barqueiro que leva

---

[41] Disponível em: http://theconversation.com/what-is-hell-94560. Acesso em: 12 set. 2018.

as almas para o Hades, alegoria que chegou a ser retratada por Michelangelo, conforme figura abaixo:[42]

É esse vestíbulo, que antecede o rio Aqueronte, o local destinado aos que não fazem nada em face do mal, os que escolhem a indecisão. Aos covardes, era infligido o castigo de permanecerem correndo atrás de uma bandeira que nunca parava, enquanto, nus, são ferroados por vespas e têm suas pernas roídas por vermes. Uau de novo!

A mente aquele horror me perturbando,
Disse a Virgílio: – "Ó Mestre, que ouço agora?
Quem são esses, que a dor está prostrando?"

"Deste mísero modo" – tornou – "chora
Quem viveu sem jamais ter merecido
Nem louvor, nem censura infamadora.

"De anjos mesquinhos coro lhes é unido,
Que rebeldes a Deus não se mostraram,
Nem fiéis, por si sós havendo sido".

"Desdouro aos céus, os céus os desterraram;
Nem o profundo inferno os recebera,
De os ter consigo os maus se gloriaram".

---

[42] Disponível em: http://virusdaarte.net/michelangelo-a-barca-de-caronte/. Acesso em: 08 set. 2018.

– "Que dor tão viva deles se apodera,
Que aos carpidos motivo dá tão forte?" –
"Serei breve em dizer-to", me assevera.

"Não lhes é dado nunca esperar a morte,
É tão vil seu viver nessa desgraça,
Que invejam de outros toda e qualquer sorte.

"No mundo o nome seu não deixou traça;
A Clemência, a Justiça os desdenharam.
Mais deles não falemos, olhe e passa".[43]

São, para Dante, "as almas que os maus odeiam e que Deus repele". Nega a elas, assim, a dignidade moral de um lugar no céu ou no próprio inferno. Os maus, diz o poeta, poderiam sentir que havia almas piores do que eles mesmos caso os omissos pudessem alcançar o inferno. Não têm, pois, destino derradeiro, comungando a existência eterna com os anjos covardes. *É tamanho o desprezo conferido a eles pelo poeta que não se evidenciam, na obra, como merecedores nem do próprio inferno.*

No século XX, personalidades políticas e teólogos dos Estados Unidos revisitaram essa passagem do Canto III de *Inferno* ao se referirem aos que optam pela indecisão, pela passividade, em face do mal. Em um livro chamado *América e a guerra mundial*, Theodore Roosevelt discorre acerca do suposto papel dos Estados Unidos enquanto detentores do bastião da paz mundial, justificando, assim, a prerrogativa de intromissão daquele país em assuntos externos às suas fronteiras, muitas vezes de forma beligerante:

> Nós, um povo semelhante e, ao mesmo tempo, diferente de todos os povos da Europa, devemos ser igualmente amigos de todos esses povos enquanto eles se comportam bem, devemos ser corteses e atenciosos com os direitos de cada um deles, mas não devemos hesitar em julgar cada um deles por sua conduta.
> O tipo de "neutralidade" que procura preservar a "paz" recusando-se timidamente a viver de acordo com a nossa palavra e a denunciar e agir com tamanho mal [...] é indigno de um povo poderoso e honrado. *Dante reservou um lugar especial de infâmia no inferno aos anjos que ousaram não se posicionar com o bem ou com o mal.* A paz deve ser ardentemente desejada,

---

[43] ALIGHIERI, D. *A Divina Comédia – Inferno*. Tradução de José Pedro Xavier Pinheiro. São Paulo: Atena Editora, 1995.

mas apenas como serva da justiça. A única paz de valor permanente é a paz da justiça. Não pode haver tal paz até que pequenas nações altamente civilizadas sejam protegidas da opressão e da subjugação[44] (ROOSEVELT, 1925, p. xxii, destaque nosso).

Em anos seguintes, filósofos e pastores não raramente se referiam, inadvertidamente, a esse "lugar especial de infâmia" como o "local mais profundo do inferno".[45] A suposta distorção semântica é institucionalizada na década de 1950, creditada a alguns discursos de John F. Kennedy, que, então senador, empregava invariavelmente a seguinte expressão: "Os lugares mais quentes do inferno são reservados àqueles que, em uma época de grande crise moral, mantêm sua neutralidade". Mais recentemente, a celebridade literária Dan Brown, autor do *best-seller O Código Da Vinci*, na epígrafe de seu livro *Inferno*, vale-se de citação análoga à versão kennediana. Na era da pós-verdade, conforme veremos no próximo capítulo, já é o suficiente: tudo se passa como se Dante tivesse escrito dessa forma.

O resgate histórico, por ora, chega ao fim. Momento de sair do inferno e de encarar a... realidade.

3.3 Quando encontramos o mal: reflexões sobre a moralidade administrativa

Era uma segunda-feira. Havíamos saído de Vitória pela manhã, no Navio-Patrulha Gravataí, à época um dos melhores navios da Marinha do Brasil. Começávamos nossa viagem de volta a Salvador, de onde partíramos há duas semanas. Eu era, à época, o chefe de máquinas do Gravataí e um dos quatro oficiais a bordo – a tripulação somava, no total, algo em torno de 30 militares.

O retorno aos lares, contudo, é sempre demorado na Marinha. Aliás, a paciência e a distância da família são os principais ônus dos marinheiros, sem dúvida. O percurso à Baía de Todos os Santos

---

[44] ROOSEVELT, T. *America and the World War*: fear God and take your own part. New York: Charles Scribner's Sons, 1925.
[45] Um dos principais teólogos a fazê-lo é William Edwy Wines, em 1917.

demoraria cinco dias, e aquela era, acima de tudo, uma comissão especial. Era a única vez no ano em que o navio, dotado de um canhão 40 mm em sua proa, faria um treinamento com tiro real. Seria na terça-feira daquela semana, ao que me recordo.

No final do dia daquela segunda-feira, saí de serviço. O serviço dos oficiais, em viagem, referia-se a governar o navio, dando ordens de rumo e de velocidade para o seu deslocamento, interceptando e reportando contatos em missão de patrulha. Era meia-noite e voltaria ao serviço apenas às 8h. Exausto, resolvi tomar um banho antes de me deitar. Foi quando, de súbito, senti uma das piores dores até então: tive uma tremenda crise renal.

Falam que os homens são muito mais suscetíveis à dor física do que as mulheres. Não duvido disso, jamais. Vivemos – nós, homens – livres das cólicas menstruais e temos, e geral, menos enxaquecas. Uma vez li que, desde jovem, as mulheres convivem, ainda, com outras dores: a dor da depilação, de andar de salto alto, de remover cutícula e a própria noção de que podem passar pela dor do parto: para cada uma delas, há a expectativa de um resultado positivo posterior. Já os meninos convivem com outro tipo de padecimento, usualmente decorrente de suas brincadeiras mais agressivas: joelhos ralados, arranhões, tombos e quedas. A dor, nesse caso, vem dos erros e das falhas, sejam em manobras de *skate* ou de choques em jogos de futebol. O cérebro entende que não há nada positivo nisso.

Ainda que o raciocínio acima seja *nonsense* – já que repousa em divisão estrita de gênero felizmente não observada sequer pela minha filha –, fato é que o jornalista irlandês Henry McKean, em 2013, resolveu se submeter a um experimento a fim de comprovar se os homens poderiam suportar a dor do parto (!!!!). Para replicar a agonia, foram colocados seis eletrodos em torno de seu abdômen. Após duas horas de dolorosos impulsos elétricos na região pélvica, McKean desistiu. Em suas palavras: "Foi como ter 100 escovas de dente elétricas dentro da barriga, com muitos bonequinhos Lego chutando". O vídeo de tal façanha é ainda encontrado no YouTube.[46]

---

[46] Disponível em: https://www.youtube.com/watch?v=P3YBkZgn_3w.

Para não ser injusto, ao discorrer muito brevemente sobre minha crise renal, digo: a aflição era enorme, pelo menos para mim. Lembro como se hoje fosse: estava no banho, na esperança de que a água quente trouxesse algum tipo de alívio. Lá, sob o chuveiro, vomitei nada menos do que seis vezes, de dor. Cerrava meu punho esquerdo e batia com força na própria região próxima ao meu rim esquerdo, quase instintivamente, na esperança de que a dor da pancada sobrepujasse aquela que estava sentindo. Quando você chega ao ponto de querer trocar uma dor por outra, apenas para mudar a sua natureza, é que o negócio está complicado mesmo.

Estávamos com um enfermeiro a bordo. Não havia nada a ser feito no navio, totalmente desprovido de recursos médicos. Havia tão somente alguns comprimidos de aspirina. Fui colocado no soro e tomei o analgésico. Muito pouco para uma crise renal aguda. Sem cuidados e sem um diagnóstico adequado, não existia alternativa outra a não ser retornar de imediato a Salvador – ou a outro porto mais próximo, de forma que eu pudesse ter acesso a um hospital. Essa foi a orientação do enfermeiro ao comandante do navio, bem como o posicionamento de todo o restante da tripulação – com a exceção do imediato, que optou pela neutralidade (ah, Dante!). Ocorre que o comandante não queria, de modo algum, perder o exercício de tiro. Ele refutou um regresso antecipado. Primeiro, atiraríamos e só chegaríamos a Salvador na quarta-feira.

E assim foi feito. Chegamos ao porto de Salvador na metade da manhã de quarta-feira, após mais de 30 horas de crise renal. Nesse ponto, nem aspirina havia mais no Gravataí. Fui recebido por uma ambulância que me conduziu diretamente ao Hospital Naval. Estava com uma infecção renal fortíssima, passível de se alastrar para outros órgãos. Um rim meu já não funcionava mais. Para encurtar a história: após 10 dias internado, tive alta. Fui a São Paulo para um diagnóstico mais acurado e, no dia 16 de novembro de 2006, fui submetido à cirurgia de retirada do meu rim e do ureter esquerdo.

Fique tranquilo, caro(a) leitor(a). Não mudei o foco do livro. Não se trata – a despeito da trama um pouco dramática – de abordar "minha história de superação" decorrente de problema de saúde. Aliás, a recuperação foi dolorida, mas rápida, ao que me recordo. No dia 04 de dezembro, após ter que quase brigar com um oficial médico que não queria mais que eu servisse embarcado em minha carreira na Marinha, fui aprovado em perícia médica e estava novamente saindo em comissão com o Gravataí. Hoje minha saúde é plena, o que me permite levar uma rotina de atleta, como já disse. Afinal, isto é ou não é um diário?

Os pontos de atenção, aqui, são a decisão do comandante em não socorrer, de pronto, um membro de sua tripulação e a forma como eu reagi a ela.

Difícil analisar conclusivamente uma situação na qual você está bastante envolvido. Sem as prerrogativas da isenção e da imparcialidade, os contornos ficam um pouco turvos. Era o caso. Somam-se a isso o fato de ser eu, à época, um profissional em formação, com apenas 27 anos, e o meu praticamente inexistente senso de autopiedade. Assim, a meu ver, não cabia a mim pedir ao comandante para socorrer-me de imediato: era uma obrigação óbvia inerente à responsabilidade do cargo que ocupava.

O tempo afastado para a cirurgia foi o suficiente para um exame mais rigoroso do cenário. Ao regressar ao navio, gozava de plena ciência do que havia ocorrido, e, ao que parecia, o comandante também. Ele ficaria mais três ou quatro meses, aproximadamente, no Gravataí, antes de ser transferido – o interregno de comando é, invariavelmente, de um ano. Nesses meses remanescentes, nossos diálogos foram técnicos e limitados ao estritamente necessário. Eu me encontrava, na realidade, em um dilema: sabia que o correto era representar contra o ato de meu superior, valendo-me de prerrogativa constante do Regulamento Disciplinar para a Marinha, mas não estava disposto a comprar essa briga. E não o fiz. Hoje, me arrependo.

Os motivos para a minha inércia são atualmente mais claros. Em primeiro plano, havia um apego à minha carreira, à minha imagem enquanto oficial. Representar contra um superior é praticamente uma quebra de hierarquia – sendo esta um dos pilares das forças armadas. O risco de uma ação dessas é enorme: mesmo que, ao final do processo, seja determinada alguma sanção ao superior, o subalterno acabaria sendo taxado *ad aeternum* com a pecha da insubordinação. A vida como ela é. Na gíria da Marinha, você vira "churrasco". Minha falta de experiência concorria, em adição, para a escolha da neutralidade e para a fuga do conflito.

Doze anos depois, vejo o quão importante foi esse episódio na minha formação. Confesso, contudo, que inúmeras vezes refleti sobre o perigo que representava o comandante. Afinal, se ele havia assumido postura de tal forma desleixada com a vida de um oficial de seu navio, imagine o que faria caso a vítima fosse um militar do mais baixo escalão hierárquico, recém-admitido na Marinha? De toda sorte, o aprendizado foi enorme. Hoje, faria diferente, como fruto do desenvolvimento de uma identidade profissional baseada na ética. Eis o cerne da discussão: *o quanto a ética deve estar arraigada na identidade de um empreendedor público e o quanto essa mesma ética o impele à ação e à reação.*

O Código de Ética Profissional do Servidor Público Civil do Poder Executivo Federal, aprovado pelo Decreto nº 1.171/1994, traz uma das melhores definições do conceito de moralidade administrativa, em meu juízo. Conforme se depreende de seu texto, a moralidade da administração pública *não se limita à distinção entre o bem e o mal.* A conduta do servidor público deve ser pautada na consecução do bem comum, equilibrando-se a legalidade e a finalidade. Ainda, diz o inciso II do Código, *o servidor não poderá jamais desprezar o elemento ético de sua conduta.*

Se a moralidade e a ética, por óbvio, aplicam-se a todos os servidores públicos, ouso asseverar que suas nuances são distintas quando capitaneadas pelos empreendedores do primeiro setor. A eles, cabe a inovação, e não apenas a conformidade. Cabem a persuasão e o exemplo motriz. E, conjetura-se, requer-se mais coragem para abrir caminho rumo a resultados incertos do que para cumprir uma rotina operacional de *compliance*. Cortar mato em terrenos desconhecidos sempre é mais complicado, e isso não é absorvido em códigos ou em princípios constitucionais.

Não me proponho, aqui, a traçar um perfil comportamental do empreendedor público. Há uma literatura vasta sobre isso – quase todas de aeroporto, reconhece-se. Apenas friso que, *sem coragem e estratégia, o empreendedor será, na melhor das hipóteses, um bom técnico*, e essa coragem é tão mais sólida quanto mais definida for, justamente, a identidade profissional do servidor: o seu autoconhecimento enquanto agente de inovação, de promotor da boa governança e de maximizador da relação de agência firmada com o cidadão.

Qual a sua identidade? Quão longe você está disposto a ir em nome da ética e do interesse público? Qual o seu ponto de inflexão, a partir do qual você sai da neutralidade e toma uma atitude para não se contaminar? E, em especial, essa atitude, caso venha à baila, é deixar o jogo para não entrar em conflito ou, em contrapartida, você prefere marcar posição em nome de um bem maior? Cada caso é um caso, diriam os mais sábios. Nada é mais relativo do que uma boa teoria posta à prova.

Conheço servidores que não têm sequer um ponto de inflexão – ou, se têm, é em nível muito elevado. Valem-se dos benefícios da falta de governança, dos interesses privados jogados em substrato público. São resquícios de nossa história personalista/clientelista/fisiologista, tão viva no presente. Apesar de não constituírem, a meu ver, a parcela majoritária, fazem o nefasto papel da maçã podre. É uma casta que seguirá, provavelmente, ao oitavo círculo do inferno ou a uma vizinhança próxima. A fração preponderante, contudo, é de servidores que se situam na chamada *aurea mediocritas*, uma expressão do poeta romano Horácio alusiva à busca por uma condição mediana e garantidora de tranquilidade e de paz. Não corrompem, mas convivem sem grandes antagonismos com desmandos próprios de uma cultura patrimonialista. Indignam-se, mas não rompem fronteiras para a mudança do *status quo*. Aliás, "as reclamações de corredor", que fazemos com nossos colegas na hora do café, prestam-se como uma luva para deixar as coisas justamente como são: não alteram absolutamente nada.

Por fim, existem aqueles que atuam como se em missão contra o mal. Seguros de sua identidade como empreendedores públicos, detêm exata noção do jogo no qual estão imersos, dos vetores de força que os circundam. Opõem-se não só à corrupção, ao patriarcalismo, mas também à má gestão pública (por mera ineficiência, ineficácia e inefetividade) e aos demais desvios morais. A ética lhes é companheira diuturna. São corajosos, mas agem como enxadristas. Escolhem estratégias quando confrontados por esse mal. São rígidos em seus exemplos, não abrindo precedentes que possam macular suas reputações. Não aceitam a realidade como posta.

A visão de ética, para o empreendedor público, é assim dilatada. O dever ético não se limita, nesse caso, ao âmbito da relação entre seus pares, a um programa de integridade que mitigue riscos como meio de consecução de diferencial de mercado. A relação direta do empreendedor público é com o cidadão, com a sociedade. Isso extrapola a ótica usual dos empreendedores privados – por mais que se assuma um discurso de responsabilidade social corporativa.

Os vícios e as deformidades apresentam-se das mais diversas maneiras ao gestor público. Às vezes, de maneira evidente e afrontosa. Hospitais públicos sem remédios por deficiências de processos orçamentários e licitatórios, desvios de verbas públicas, uso de cargos governamentais para promoção pessoal, propinas, fraudes em fundos de pensão, tráfico de influência e nepotismo moldam o retrato dos telejornais cotidianos, bem como o objeto de atuação das polícias e do Ministério Público.

No entanto, há vezes em que o mal se apresenta entremeado com a *práxis* cultural costumeira, perceptível pelas lentes mais criteriosas e confrontado por poucos. Assédio moral. Práticas sexistas que tangenciam o próprio assédio sexual, trocas indevidas de favores, direcionamento de convênios ao celeiro eleitoral dos dirigentes de autarquias, priorização indevida de demandas, pagamento de faturas em desrespeito à ordem cronológica de suas exigibilidades... o rol é vasto. Os que se insurgem contra tais práticas, na visão de Dante, seguramente não repousarão no vestíbulo, na antessala do inferno. A eles está assegurada, ao menos, a travessia do rio Aqueronte rumo a uma jornada – sempre difícil – de crescimento pessoal.

Meu filho teve febre alta nessa noite. Acordou cedo após ter dormido mal. Foi medicado e sentou-se no sofá da sala. Fui até ele e perguntei:

– Matheus, você é bonzinho ou malvado?

– Bonzinho – respondeu, um pouco mole da febre que começava a ceder.

– E, quando você crescer, você vai continuar sendo bonzinho ou vai passar a ser malvado? – provoquei.

– Vou continuar a ser bonzinho – isso parecia óbvio para ele.

– Ok. Quando você vir, por exemplo, um menino batendo em outro ou quebrando o brinquedo do outro, você vai mandá-lo parar ou vai ficar quieto?

– Vou mandá-lo parar.

– E você não vai ter medo dele? – era esse o ponto em que eu queria chegar. Seria ele corajoso o suficiente para entrar em conflito durante uma situação de crise moral?

– Não. Eu não tenho medo. Porque eu sou o Hulk.

Abatido com a febre e, ainda assim, era o Hulk. Afinal, por que deixaria de sê-lo, não é verdade?

E que assim seja. Que meu pequeno tenha, em sua vida, a coragem do Hulk para lutar por um mundo melhor e que essa mesma coragem seja chama constante aos empreendedores públicos.

CAPÍTULO 4

DA TOLERÂNCIA À CORRUPÇÃO E À MÁ GESTÃO PÚBLICA: UM POUCO DE PSICOLOGIA COGNITIVA

Nem só de dolo vive o desperdício de recursos públicos. A culpa tem lugar enorme nessa agenda. O problema? A agenda nunca é aberta nas páginas de culpa. Além disso, muitos se corrompem por pouco, desde que não se atinja sua autoimagem. Por falar nisso, como está a sua?

CPI do Banestado. Anões do orçamento. Mensalão. CPI das ONGs. Máfia das sanguessugas. Máfia dos fiscais. Caso Furnas. Desvios na obra do Rodoanel, em São Paulo. Máfia da merenda, também em São Paulo. Operação Lava Jato.

A amostra reduzida citada acima é representativa dos escândalos de desvio de recursos públicos que vieram à tona no Brasil nos últimos anos e que têm ocupado diariamente a pauta dos meios de comunicação mais diversos. A maior parcela se dá mediante o superfaturamento de licitações públicas ou, de outro modo, via tráfico de influência para o direcionamento indevido de emendas parlamentares.

A corrupção insurge, assim, como um dos assuntos – e como uma das práticas – mais presentes no cotidiano do país. Falamos sobre a corrupção da classe política, sobre as obras da Copa do Mundo que ficaram – estranhamente – caríssimas, sobre as grandes empreiteiras conhecidamente envolvidas em propinas. Ao mesmo tempo, em nível micro, impostos são sonegados, atestados médicos falsos são apresentados, produtos falsificados são comprados sem nota fiscal. Furam-se filas, estacionam-se em vagas especiais, calam-se quando recebem troco a mais.

Até aqui, sem grandes novidades.

Há alguns meses, fui ministrar uma palestra em um congresso em Foz do Iguaçu sobre licitações e contratos. Peguei um voo saindo de Brasília e já havia feito a conexão no Rio de Janeiro. Estava uma chuva torrencial, o que me deixa com um medo danado de voar. Ocupava um assento próximo à janela. Tentava, em vão, dormir para ver se o voo passava mais rapidamente.

Acabei prestando atenção na conversa do casal que estava ao meu lado. Eram servidores públicos, conforme pude depreender, e estavam indo participar do congresso. Discorriam sobre problemas na gestão pública, um assunto que nos acompanharia até o nosso destino.

– Mas veja só – dizia o rapaz – como a prefeitura vai aplicar uma sanção a um fornecedor se essa mesma prefeitura está, há seis meses, devendo para esse mesmo fornecedor?

– Eu sei. Já trabalhei em um município pequeno. Era desse jeito – concordava a moça.

– O prefeito, a meu ver, não tem culpa. O problema é que o orçamento não chega e, quando chega, não temos o financeiro. A solução? Comprar fiado. Aí vem o Tribunal de Contas questionar isso. Não dá. Eles sabem da nossa realidade. Dizem o que não pode fazer, mas não apontam a solução – complementou o rapaz, com segurança e propriedade de quem vivia aquela situação há anos. Nesse ponto da conversa, meu sono já tinha se esvaído totalmente, mas continuava de olhos fechados, como se para passar despercebido (#*coisafeia*). Ficava pensando que a autorização de despesa, nessas condições, inflige a Lei de Improbidade Administrativa.

– É uma conjuntura. De fato, o prefeito não tem culpa. Vou te dar outro exemplo – dizia a moça, promovendo a devida fluidez à conversa – eu hoje trabalho em um hospital. A equipe de compras é reduzidíssima. Não conseguimos fazer o devido planejamento, que é muito complexo. Já aconteceu de comprarmos equipamentos que tiveram que ficar esperando encaixotados, por meses, a ampliação da rede elétrica. Se isso vai para a mídia, estamos lascados. Mas também não temos culpa. Ninguém faz por mal. E, no final, sempre conseguimos um resultado positivo, ainda que demore.

Abri os olhos. O casal, muito simpático, me reconheceu.

– Professor! Nós aqui conversando e atrapalhando o seu sono...

Ingressei em um bate-papo animado com eles, no qual a tônica era as imperfeições da gestão pública, protagonizadas não devido ao dolo do agente, mas, sim, em virtude de um ambiente circunstancial que não o deixava agir diferente – ou seja, eram hipóteses de mera culpa ou, pelo menos, era assim que caracterizavam a situação.

– Professor, veja só. Na prefeitura em que trabalho os terceirizados são indicados pelo prefeito – continuava o rapaz. Não é a empresa contratada quem escolhe. É assim desde que a prefeitura é prefeitura. Está errado? Ora, o prefeito tem que honrar suas promessas de campanha. Tem que ter um poder para manobrar. Sem esse mecanismo de troca de favores, como o coitado vai governar? Sinceramente, acho que isso faz parte do jogo.

Era real essa conversa, por mais que parecesse uma anedota, e refletia no meu íntimo, simultaneamente à fala do rapaz, que aquilo não era uma sistemática exclusiva daquela prefeitura. É a regra, vivida diuturnamente nos quatro cantos do Brasil.

Estávamos chegando a Foz. A chuva, ainda mais forte, era uma constante. O avião fez uma aproximação da pista, mas, sem conseguir pousar, arremeteu. A conversa se perdeu, por definitivo, dando lugar a um senso generalizado de apreensão. Na segunda aproximação, conseguimos pousar. Alguns bateram palmas ao piloto. Agradeci a Deus, em silêncio, e desembarcamos. Despedimo-nos. Porém, algo naquela conversa ainda pairava em minha cabeça. Era como um quebra-cabeça que não se encaixava. No táxi, a caminho do hotel, ficava cotejando, mentalmente, os malefícios da corrupção e os oriundos da simples má gestão pública, na qual não se identifica a intenção de errar.

Ao empreendedor público, imerso em uma arena na qual a corrupção convive com a má gestão, cabe, como vimos, a maximização da relação de agência, firmada com o cidadão. Para tanto, a miopia deve se esvair, sob o risco de incorrer, no mínimo, em erro de diagnóstico dos vetores que o circundam. *Afinal, como tratar o dolo e como tratar a culpa?* Ou, indo além, como inovar, gerir equipes e se situar perante atores sujeitos a serem corruptos ou corruptores e a tratarem a ineficiência como algo trivial?

É essa a discussão que se aborda neste capítulo.

4.1 Um pouco de ciência comportamental: uma visão menos opaca sobre a corrupção no setor público

Recentemente, Ribeiro *et al.* (2018) publicaram artigo[47] sobre os escândalos de corrupção no Brasil ocorridos entre 1987 e 2014. Trata-se de um dos apanhados mais robustos sobre a temática e que, de certa forma, desnuda o mecanismo de desvio doloso de verbas públicas. O trabalho desses autores acabou chamando a atenção do prestigiado *MIT Technology Review*, que listou o artigo como um dos mais impactantes no período em contexto mundial.

Não há a necessidade, aqui, de realçar em profundidade o vulto quantitativo do problema da corrupção. Assim, apenas como breve preâmbulo e segundo os citados autores, consigna-se que o Banco Mundial estima em mais de 5% do PIB global o custo anual da corrupção, com cerca de US$1 trilhão sendo pago em propinas ao redor do mundo. No tradicional *ranking* divulgado pela organização Transparência Internacional, relativo à percepção de corrupção nacional, o Brasil foi situado, na listagem de 2017, na 96º posição, em um total de 180 países (quanto mais elevada a posição, menos corrupto o país). A queda foi de 17 posições com relação a 2016 e, se tomarmos uma série temporal desde 2014, a queda foi de 27 posições. Ou seja, é o que já sabemos: não estamos bem na fita.

O combate à corrupção é, hoje, empreitada alçada em nível global. Nesses lindes, mister realçar que, entre os dias 25 e 27 de setembro de 2015, em Nova Iorque, por ocasião do septuagésimo aniversário da Organização das Nações Unidas, foram decididos os novos objetivos de desenvolvimento sustentáveis globais. Trata-se de um conjunto de 17 objetivos que se desdobram em 169 metas, dentre as quais consta "reduzir substancialmente a corrupção e o suborno em todas as suas formas". Todos os 193 países-membros foram signatários da chamada Agenda 2030, cujo nome alude ao término do horizonte temporal para a consecução dos objetivos.

Em dezembro de 1885, Robert Ingersoll, orador e líder político dos Estados Unidos, publicou um ensaio no periódico *The North*

---

[47] RIBEIRO, H. V.; ALVES, L. G. A.; MARTINS, A. F.; LENZI, E. K. The dynamical structure of political corruption networks. *Journal of Complex Networks*, v. 6, n. 1, p. 1-15, 2018.

American Review enaltecendo as competências de Abraham Lincoln, presidente daquele país entre 1861 e 1865. Nas palavras de Ingersoll (em livre tradução):

> Nada revela mais o caráter real do que o uso do poder. É fácil para os fracos serem gentis. A maioria das pessoas pode suportar adversidades. Mas, se você deseja saber o que realmente é o homem, dê-lhe poder. Este é o teste supremo.

O excerto de Ingersoll tem precisão cirúrgica. Poder: este é, certamente, o conceito-chave que está de mãos dadas com a corrupção. O poder é a porta de entrada para o que se chama aqui de princípio da chave de cadeia. Em franca visão: o elo mais frágil na estrutura é composto pelo indivíduo – ou pelo setor – que goza de poder ao longo de determinado processo. Os exemplos, nessas circunstâncias, são vastos: um fiscal de tributos com competência para aplicar multas por vezes milionárias a empresas; uma equipe, em um órgão público, que aplica sanções administrativas a fornecedores quando do descumprimento de contratos; um agente público que concede alvarás de funcionamento a empresas ou, até mesmo, o Habite-se a novos imóveis; um agente de trânsito que lavra auto de infração a um condutor.

O trabalho de Ribeiro *et al.* (2018) é, em certos aspectos, precursor de *insights* inéditos no que tange à estrutura da corrupção, quando protagonizada por agentes políticos. Esses autores analisaram 65 escândalos de corrupção bem documentados (entre 1987 e 2014), que envolveram 404 indivíduos. Os achados apontam no sentido de que a rede de corrupção possui disposição similar às redes de terrorismo e de narcotráfico. Os agentes envolvidos em corrupção, concluem os autores, usualmente agem em grupos pequenos, apresentando-se em forma modular, em pequenas facções de até oito pessoas, de forma a promover o ocultamento, em alinhamento com a chamada teoria das sociedades secretas.

Ademais, os pesquisadores evidenciaram que há picos de corrupção que acompanham o calendário eleitoral, marcando, de quatro em quatro anos, as trocas e as novas conformações dos partidos políticos. A conclusão é que as eleições não só refazem a elite política, mas também introduzem novas pessoas no poder que, em breve, poderão empregá-lo de forma desonesta. Reconhece-se, contudo, que a corrupção, endêmica em nosso país, abarca não só agentes políticos, mas também servidores públicos (agentes administrativos), em iniciativas tão vastas que ultrapassam, não raramente, a nossa racionalidade imediata.

Os impactos da corrupção vão além, certamente, do desvio de recursos públicos. São nefastos a ponto de ameaçarem a sobrevida das comunidades, em nível global. Esse é o mote central do livro *Ladrões do Estado: por que a corrupção ameaça a segurança global*,[48] de Sarah Chayes, ganhadora do prêmio *Los Angeles Times* de 2015 na categoria de interesse atual.

Nesse pormenor, cabe uma olhada mais detida no perfil de Sarah Chayes. Sabe aquelas pessoas que dominam tanto um assunto ou que têm uma vivência tão prática e peculiar que são capazes de fugir das ideias estereotipadas, do lugar comum? Pois é. Essa é Sarah Chayes quando se fala de sua abordagem sobre a corrupção.

Sarah é uma ex-jornalista estadunidense, formada em história na Universidade de Harvard e que trabalhou parte de sua carreira como *freelancer* – especialmente entre 1996 e 2001, quando residiu em Paris. Em dezembro de 2001, cobriu a queda do regime Talibã, em Kandahar, no coração do Afeganistão. A partir daí, decidiu mudar de rumo: fixou morada em Kandahar até 2009, atuando em diversas frentes para reconstruir aquele país. Em 2005, fundou a *startup* Arghand,[49] uma cooperativa voltada à produção sustentável de produtos dermatológicos, desenvolvidos a partir de insumos agrícolas locais – sendo esta uma alternativa à economia baseada no ópio.[50] A partir de 2009, passou também a atuar como conselheira especial da Força Internacional de Assistência para a Segurança, uma missão permanente estabelecida pelo Conselho de Segurança da ONU com vistas ao combate ao terrorismo. É, ainda, escritora contribuinte do *Los Angeles Times*. Um currículo sensacional, se me permite opinar.

---

[48] CHAYES, S. *Thieves of the State*: why corruption threatens global security. New York: W. W. Norton & Company, 2015.
[49] Disponível em: https://www.arghand.org. Acesso em: 01 nov. 2018.
[50] Ópio é a matéria-prima da heroína. O Afeganistão é, disparado, o líder mundial na produção de ópio, com uma parcela significativa de seu território sendo ocupada pelo cultivo da papoula, de onde se extrai a substância. Estima-se que o equivalente a 7% do PIB do país é baseado na economia do ópio, montante que atua no financiamento de grupos extremistas.

A empreendedora social – sim, pois talvez seja essa a expressão que mais bem cabe à Sarah Chayes – narra algumas de suas percepções sobre corrupção em um vídeo da série TEDx, disponível no YouTube.[51] Ela sumariza sua análise em três pontos principais: (i) a corrupção envolve muito dinheiro, capaz de gerar danos significativos em âmbito mundial, e gera um contraste social contundente entre os beneficiários dos recursos desviados e as classes menos privilegiadas; (ii) a corrupção não concerne apenas a um câncer em administrações públicas que estão simplesmente falhando, mas, sim, a organizações criminosas ordinariamente sofisticadas e estruturadas vertical e horizontalmente; (iii) esse ponto – que demanda olhar menos raso – refere-se à *dignidade pessoal*. Vou me ater um pouco a este último tópico, pois suscita reflexões ao mesmo tempo mais profundas e menos debatidas.

A integração vertical da corrupção, discorre Sarah, dá-se pelo fluxo monetário ascendente, tendo como ponto de partida o policial corrupto ou o agente administrativo que exige dinheiro do cidadão comum em troca de vantagens ou de proteção. A impunidade desses elementos, associada à fragilidade e à impotência do cidadão, dá margem à humilhação. Em uma conjuntura extrema, "se um jovem no Afeganistão é esbofeteado por um policial por não pagar a propina, ou se a irmã nigeriana de um jovem é estuprada por um juiz, em troca do 'privilégio' de ter o seu caso apreciado, o que você acha que esse jovem desejará fazer?" – provoca Chayes, escancarando uma realidade pouco visitada. "Ele desejará matar o cara." E o pior: grupos terroristas, tais como o Boko Haram, no norte da Nigéria, ou o próprio Talibã, no sul do Afeganistão, estarão incentivando esse jovem a, justamente, fazer isso (leia-se: dando uma convicção e uma arma). Afinal, essa é a ideologia de convencimento terrorista, "a conduta desses agentes governamentais contraria a lei de Deus", esclarece Sarah.

Se for uma visão menos opaca sobre corrupção o que buscamos, as reflexões acima nos oferecem isso de bandeja. A conclusão mais crua a que se chega é direta: a corrupção pode ser uma preditora do terrorismo – logicamente fatores culturais devem ser considerados nessa análise – ou, em cadeia lógica que mais bem se

---

[51] Disponível em: https://www.youtube.com/watch?v=QoiVyzlit5I. Acesso em: 01 nov. 2018.

adéqua ao Brasil, a fragilidade institucional dá margem à corrupção, criando desigualdade social em magnitude tal que pode levar ao caos – violento – da comunidade. Em solo pátrio, os ingredientes são complexos, há de se frisar. Peguemos o Rio de Janeiro, como exemplo. A ausência de uma governança pública, espelhada na apatia e na corrupção das instituições governamentais, ensejou que o controle político em comunidades de baixa renda fosse, a partir da década de 1970, tomado pelo tráfico de drogas. Há cerca de 15 anos, contudo, de forma mais proeminente, as chamadas milícias (grupos formados inicialmente por ex-policiais e ex-bombeiros) ingressaram no cenário, oferecendo a essas comunidades o que o Estado não conseguia fazer: proteção e o fim do tráfico. Assumiram a faceta de poder público paralelo.

Passaram a extorquir uma taxa dos moradores para custear a suposta proteção. A estratégia de domínio foi adiante, abarcando a coerção econômica: a milícia passou a oferecer uma série de serviços essenciais às comunidades, tais como transporte, TV a cabo, venda de água, locação para lixões e fornecimento de gás. O montante financeiro movimentado diariamente é abissal e, diferentemente das organizações voltadas unicamente ao tráfico de drogas, as milícias se enveredaram pelo poder público, seja por meio de *lobby* ou mediante a eleição de seus próprios representantes. *O inimigo agora é outro*, já avisa o filme *Tropa de Elite 2*.

Nada é simplesmente binário no Brasil, os mais atentos podem concluir, acertadamente. Não temos por aqui a dicotomia escancarada de apenas um grupo terrorista que se opõe a um governo corrupto. O que temos é uma multiplicidade de atores que se mesclam, fundem, tornam a separar, mas mantêm o mesmo *status quo* anárquico. A milícia não é pró-governo, mas se associa e se imiscui a ele para ter mais poder. Traficantes não são pró-milícia, mas a ela se articulam para garantir a venda de drogas nas favelas, repartindo os lucros entre as duas facções. Os contornos se mostram mais enevoados, mais flexíveis, dinâmicos.

O epílogo ao qual chegamos, sendo aplicável a qualquer país no qual as instituições governamentais dolosamente se desvirtuam, é este: *a corrupção é preditora do império do medo*.

Fiz uma pausa na escrita por algumas horas. Quis me afastar um pouco do texto a fim de ter a real dimensão da conclusão acima. Talvez pudesse soar muito forte, supus, revelando um pouco de meus sentimentos pessoais com o assunto. Afinal, refleti em meu reduzido descanso, há diferentes graus de corrupção. Há as pequenas corrupções, sem dúvida. Nem todos os corruptos e desonestos, por assim dizer, o são em intensidade máxima. Desvirtuam-se por mixaria, mas jamais por fortunas. Existe injustiça no epílogo traçado? *Seria o impacto das pequenas corrupções insignificante se cotejado com os escândalos colossais que habitam as pautas de nossos jornais?* No nosso cotidiano das organizações públicas, devemos nos preocupar com uma eventual predisposição dos indivíduos a corromper e a se corromperem, ainda que por pouco?

Inevitável ingressar na seara da ciência comportamental ao abordarmos a corrupção. Afinal, estamos falando, em ótica microssociológica, de comportamento humano. Ainda assim, o que encontramos é uma literatura brasileira do campo da gestão pública voltada, em uníssono, a proposições legais de combate à corrupção (destaque para reformas penais), a esforços descritivos de condutas ímprobas e ao exercício do controle e da *accountability* como remédios essenciais. A ótica é sempre estrutural, em níveis macro e meso. Bacana – até certo ponto. Grosso modo, atacam-se os sintomas, mas não se compreendem as causas, em nível do agente. E, caro(a) leitor(a), difícil pensar em algo mais importante a um empreendedor do que a microssociologia humana. As próximas páginas, assim, nos conduzirão a uma breve viagem aos mecanismos da (nossa) desonestidade.

Dan Ariely fez uma das experiências mais instigantes da década passada sobre desonestidade. Ariely é um professor estadunidense – mas criado em Israel – de psicologia e economia comportamental, que leciona atualmente na Universidade de Duke, no estado da Carolina do Norte. É, ainda, o fundador do *Center for Advanced Hindsight*, dedicado à produção acadêmica em ciência comportamental, sendo considerado um dos profissionais mais influentes, mundialmente, nessa área. Um cara cujo trabalho vale a pena conhecer. Seus experimentos mesclam dois componentes envolventes: são simples e apresentam resultados fascinantes.

Pois bem... em uma de suas palestras, no *Institute for Advanced Study*, na Universidade de Princeton, em 2016, Ariely faz duas questões provocativas a seu público:
– Quem, aqui, contou ao menos uma mentira nos últimos dois anos?

A maioria dos presentes levantou a mão, entreolhando-se, de soslaio.

– Ao mesmo tempo, quem aqui se vê, em geral, no rol das pessoas maravilhosamente honestas?

A mesma maioria levantou a mão e caiu na risada ante o paradoxo recém-instaurado.

Em seu experimento (na realidade, foi uma série de experimentos, denominada *the matrix experiments*, iniciada em 2002), Ariely entregou a um grupo de indivíduos uma folha de papel contendo 20 exercícios de matemática básica que todos desse grupo seriam capazes de resolver se tivessem o tempo necessário. Mas, com um limite estabelecido de apenas cinco minutos, a dificuldade do desafio aumentava. Para cada resposta correta, Ariely esclarecia antes que começassem a tarefa, seria dado US$1,00 ao respondente.

Passados os cinco minutos, era anunciado o comando para que parassem e colocassem os lápis sobre a mesa. Todos deveriam contar as questões corretas após divulgado o gabarito e anotar o *score* em outro pedaço de papel. Feito isso, os indivíduos se dirigiam à frente da sala e inseriam suas folhas de papel (as das questões) em uma fragmentadora a fim de rasgá-las, inutilizando-as. Ato contínuo, as pessoas diziam ao pesquisador que aplicou o teste quantas questões haviam acertado, recebiam a quantia devida e iam embora. Não havia conferência. A base era a confiança.

O que as pessoas não sabiam, no entanto, é que a fragmentadora havia sido manipulada previamente. Ela rasgava apenas as laterais das folhas de papel, mantendo intocadas as suas partes centrais, permitindo, assim, a conferência posterior, pelo pesquisador, do número de questões efetivamente acertadas pelos indivíduos. Uma pequena "desonestidade" do experimento, sem a qual não seria possível medir a desonestidade dos respondentes. Os achados são inquietantes.

Na média, os indivíduos acertaram 3,5 questões, mas a média de suas pontuações declaradas apontava 6,2 acertos. O experimento foi reproduzido inúmeras vezes, abrangendo um quantitativo de cerca de quarenta mil pessoas. "De onde veio essa diferença?" – pergunta Ariely à plateia. "Será que veio de alguns grandes trapaceiros?" – indaga, promovendo um clima de dúvidas quanto ao óbvio.

Desse universo de quarenta mil pessoas, aproximadamente 70% mentiram (!!). Foram identificados pouco mais de 20 grandes trapaceiros, que juravam ter gabaritado o teste, quando seus desempenhos eram, em bem da verdade, pífios. O prejuízo por eles causado girou em torno de US$400,00. Os pequenos trapaceiros, por sua vez (por volta de 28.000 pessoas), causaram um prejuízo de mais de US$50.000,00. A tese trazida à baila por Dan Ariely é a de que esses pequenos trapaceiros, no mundo real, respondem por um malefício econômico muito superior ao causado pelos grandes corruptores – que são, *per si*, mais raros na população.

Então, retorno ao epílogo, agora complementando-o: *a corrupção – realçando-se aqui a pequena corrupção – é preditora do império do medo*.

Bom, já que acabei enveredando na ciência comportamental, vou um pouco adiante. Aliás, como esclarece Ariely, *ser corrupto não é sobre ser mau, é sobre ser humano*. Essa assertiva é de notável acurácia. Se lida sem preconceitos, é o colírio de que precisamos e, uma vez que a natureza humana – conforme aponta a ciência – é suscetível à corrupção, a pergunta da vez é: o que podemos fazer (como empreendedores públicos!) a fim de promover condutas mais éticas em nossos meios?

O que se infere com base no experimento narrado é que o homem se corrompe sem grandes constrangimentos, desde que consiga manter uma autoimagem intocada: esse é o ponto-chave. Em outras palavras, o cerne reside no processo psicológico de *racionalização*, entendido como um mecanismo de defesa que se dá nos níveis da consciência e da subconsciência, no qual se constroem argumentos para o autoperdão e para a autodesculpa, preservando a autoestima. A racionalização dá-se nas mais diversas formas e é especialmente útil, por exemplo, aos procrastinadores. "Ah, não vou estudar hoje, porque estou muito cansado – afinal, também sou filho de Deus."

Mas o que ora se discute é a racionalização aplicada na justificativa, para si, das condutas desonestas. "Sonego imposto porque o dinheiro é mal empregado pelo governo." "Onde eu trabalho tem tantas pastas e envelopes que não fará a menor falta eu levar alguns deles para casa." "Meu colega é tão correto, mas está com problema pessoal, e chegará um pouco mais tarde. Então, não é de todo errado eu bater ponto por ele."

A racionalização, enquanto elemento basilar da corrupção, é apresentada, inclusive, em estudo seminal de Cressey (1953)[52] e reproduzido no *Referencial de combate à fraude e à corrupção aplicável a órgãos e entidades da administração pública*, de autoria do Tribunal de Contas da União,[53] do qual registro abreviado excerto:

> [Racionalização] significa que o indivíduo antes de transgredir formula algum tipo de racionalização moralmente aceitável antes de se envolver em comportamentos antiéticos. A racionalização refere-se à justificação de que o comportamento antiético é algo diferente de atividade criminosa. Os transgressores se veem como pessoas comuns e honestas que são pegas em más circunstâncias. As racionalizações comuns são "eu estava apenas pegando emprestado o dinheiro", "eu merecia esse dinheiro", "eu tinha que desviar o dinheiro para ajudar minha família", "eu não sou pago o que mereço", "minha organização é desonesta com outros e merece ser trapaceada" (BRASIL, 2017, p. 15).

Até que nível você, os membros de sua equipe e aqueles com os quais você negocia são corruptíveis? Toleram a corrupção (e a má gestão pública)? Qual o limite de racionalização de cada um? Isso é, definitivamente, algo a se considerar. Mentalmente, procedemos à tentativa de racionalização de nossas ações e a categorizamos, antecipadamente, em um ato de corrupção ou não. Para tanto, discorrem Mazar, Amir e Ariely (2008),[54] dois fatores são considerados por nós: *maleabilidade* e *limite*.

A *maleabilidade* é referente aos diferentes modos de interpretarmos nossas atitudes e o quanto conseguimos situá-las no interior das fronteiras do socialmente do aceitável. Mazar, Amir e Ariely (2008) ilustram: nossa intuição sugere que é menos grave "roubar"[55] um lápis de

---

[52] CRESSEY, D. R. *Other People's Money*. Montclair: Patterson Smith, 1953.
[53] BRASIL. Tribunal de Contas da União. *Referencial de combate à fraude e corrupção*: aplicável a órgãos e entidades da Administração Pública. Brasília: TCU, 2017.
[54] MAZAR, N.; AMIR, O.; ARIELY, D. The Dishonesty of Honest People: A Theory of Self-Concept Maintenance. *Journal of Marketing Research*, v. XLV, p. 633-644, 2008.
[55] Calma. "Roubar" (entre aspas) pode ser entendido como ficar com o lápis para todo o sempre, caso o(a) amigo(a) não se dê conta que está com você. Confesso que eu jamais faria

R$3,00 de um amigo do que roubar os mesmos R$3,00 de sua carteira. O primeiro cenário oferece mais possibilidades de ser categorizado como uma situação compatível com a amizade; afinal, é de todo conciliável com o que amigos fazem, certo? É, nessa condição, mais maleável. Assim, identificam-se algumas atividades que são menos maleáveis a serem interpretadas como compatíveis com a moral vigente.

Em adição, a maioria, como vimos no teste matemático de Ariely, se corrompe por US$2,70 – afinal, um montante desse não é uma afronta radical à ética na sociedade (leia isso com sarcasmo, por favor). O *limite*, assim, concerne a quanto nosso modelo mental pode ser esticado sem que se deforme por completo. Acima desse ponto, há um gatilho que contamina nossa valência moral. Tem a ver com a intensidade da ação. Cada pessoa possui o seu limite, e experiências pretéritas – por exemplo, fraudar sem ser pego ou estar submetido a uma situação vexatória por ter trapaceado – podem estender ou encurtar esse mesmo limite. Por mais maleável que uma atitude possa ser, o que se defende é que sempre haverá um limite. Roubar um lápis... ok. Roubar o estojo inteiro, talvez não.

Eis que o foco recai sobre o seguinte aspecto: *quais fatores ajudam as pessoas a racionalizar as condutas desonestas?* Vimos, até agora, que uma recompensa módica é algo que suscita a trapaça. E o que mais temos a descobrir?

Ao longo dos anos, Dan Ariely e sua equipe conduziram uma série de variações do experimento ora narrado no curso da investigação da pergunta destacada acima. Conduziram, da mesma sorte, outros experimentos complementares. Em seguida, apresentarei algumas dessas iniciativas.

4.1.1 Distância do dinheiro

A primeira delas visou testar a exata maleabilidade e sua relação com a corrupção. A ideia básica era colocar um prêmio intermediário ao respondente capaz de distanciá-lo um pouco do

---

isso com um lápis. Mas, por favor, se você for realmente meu amigo, pense duas vezes antes de me emprestar uma caneta BIC que escreve macio.

dinheiro. Nesses lindes, após a inserção do papel na fragmentadora, o indivíduo recebia fichas de plástico em quantidade proporcional a seu *score* declarado. Imediatamente, ele se dirigia a outra mesa (distante uns quatro ou cinco passos) e trocava as fichas por dinheiro. Resultado: a corrupção foi duas vezes mais intensa – a média declarada foi de 9,4 questões como corretas, mantendo-se os mesmos 3,5 itens corretos do grupo de controle. O que se depreende, analisa Ariely, é que, quanto mais a imediata recompensa pelo comportamento corrupto é o dinheiro em si, mais reprovável é considerada a conduta pelo próprio indivíduo. Menos racionalizável a ação. Assim, ao aumentarmos a distância ao dinheiro, fica mais fácil, psicologicamente, ser desonesto.

Em um mundo em que, cada vez mais, há alternativas ao dinheiro (quando digo "dinheiro", pense em cédulas em papel, tangíveis), isso é particularmente preocupante. Crédito em suas mais variadas formas (PayPal, Apple Pay, Samsung Pay, Google Pay etc.), mercados de ações e de opções, derivativos, criptomoedas e outros tipos de vantagens de cunho menos corpóreo, como viagens, ingressos, *status* e influência (capital social, em suas múltiplas nuances) moldam um paradigma do qual dificilmente nos afastaremos. Ao homem médio – sim, sempre há exceções –, quanto mais abstrato o ganho, mais fácil se corromper.

Tangenciando-se, de modo distinto, a temática da distância ao dinheiro, Dan Ariely e equipe aplicaram o mesmo teste com pequena modificação. Após a inserção do papel na fragmentadora, ao indivíduo era entregue um envelope com US$20,00 e com a orientação de ele próprio pegar o valor correspondente ao número de questões corretas e deixar o resto. Ele se pagava. Não havia conferência do quanto era pego ou do residual em cada envelope. Ninguém ficava olhando.

Nessa sistemática, eram dadas duas oportunidades de o indivíduo se corromper: a primeira era uma trapaça (dizer que acertou seis quando acertou quatro, por exemplo); já a segunda era um roubo sem rodeios (pegar os US$20,00 quando declarou ter acertado seis questões). A maioria das pessoas fazia a trapaça, mas quase ninguém procedia ao roubo. Esse teste foi realizado inclusive com criminosos condenados, em liberdade condicional. O resultado foi idêntico ao dos demais grupos. O que se corrobora, assim, é a percepção de que agir visando a ganho direto de dinheiro (ou seja, roubar) é conduta rechaçada pela maioria, mas se corromper quando há alguma distância desse mesmo dinheiro é prática comum.

4.1.2 Lembrando-se da moralidade

Outra variação do experimento deu-se, inicialmente, na Universidade da Califórnia (UCLA), com um público de 500 alunos. Antes de confrontados com o teste matemático, pediu-se que escrevessem os dez mandamentos bíblicos – ou, ao menos, os mandamentos de que se lembrassem. A maioria não sabia todos os mandamentos, e muitos ainda "inventaram vários mandamentos interessantes", revela um bem humorado Ariely. Em seguida, foram submetidos às vinte questões. Nenhum deles trapaceou, independentemente do número de mandamentos de que lembraram, ou de quão católicos eram, ou, inclusive, de quais eram, efetivamente, suas religiões. Até mesmo os ateus não trapacearam. O fato é que todos sabiam que os dez mandamentos constituem um código moral, um regramento sobre comportamento adequado. Ao, tão somente, aumentar a atenção do indivíduo para a moralidade, decaiu a magnitude da desonestidade. E aqui temos algo relevante para refletirmos. Não, isso não é ingenuidade, caro(a) leitor(a). É um achado científico, a ser considerado seriamente por um empreendedor público – aliás, por qualquer empreendedor.

Os pesquisadores foram adiante a fim de comprovarem esse achado. Dirigiram-se ao MIT (*Massachusetts Institute of Technology*) e aplicaram o mesmo teste, mas, ao invés de invocarem os dez mandamentos, os alunos assinavam, previamente, uma declaração de que o estudo ao qual se submeteriam estava de acordo com o código de honra do próprio MIT. Novamente, ninguém trapaceou. Ah, e o MIT não possui um código de honra, revela Ariely! Logicamente, o resultado foi cotejado com o de um grupo de controle, formado por outros alunos do MIT que não assinavam nada antes do teste – esses trapaceavam nos percentuais médios de 70%.

O procedimento foi replicado na Universidade de Princeton, que, por seu turno, possui rígido código de conduta. O resultado foi idêntico ao do MIT, considerando-se a mesma sistemática de comparação com um grupo de controle. Quem assinou a declaração não se corrompeu; quem não assinou caiu no "grupo dos 70%". A conclusão é análoga à do teste dos dez mandamentos: lembrar o agente acerca da moralidade evidencia-se preditor da honestidade. Desperta-se maior ímpeto de supervisão das próprias ações, tendo por filtro um juízo ético superior.

4.1.3 Aspecto social da corrupção

Essa adaptação do experimento foi aplicada nas universidades de Pittsburgh e de Carnegie Mellon (CMU), ambas localizadas na cidade de Pittsburgh, no estado da Pensilvânia, Estados Unidos. São universidades que mantêm certo nível de rivalidade (especialmente devido a competições esportivas) e que nutrem suas particularidades – uma delas reside no caráter privado da CMU, contrastando com o hibridismo (público/privado) de Pittsburgh. Pois bem: o procedimento básico era o mesmo, com a exceção de que, nessa situação, havia um ator contratado que fazia as vezes de um aluno. Decorridos 30 segundos do início do teste, o aluno se levantava e dizia: "Eu resolvi tudo. O que faço agora?". O pesquisador, seguindo um *script* predefinido, respondia: "Se você terminou tudo, vá para casa". O ator pegava o seu dinheiro e, tranquilamente, ia embora.

Todos os demais alunos presentes sabiam que era impossível resolver o teste em 30 segundos. Sabiam que era um caso de trapaça. E viam o suposto aluno se dando bem. E é justamente nesse ponto que entra o aspecto social da desonestidade. O experimento foi inicialmente realizado na CMU. Quando o estudante-ator estava usando um moletom da própria Carnegie Mellon, a corrupção aumentava. Em contrapartida, quando o moletom usado era da Universidade de Pittsburgh, a trapaça diminuía. O comportamento geral, nesse caso, não era influenciado pela probabilidade de ser pego, mas, sim, pelo senso de identificação com quem trapaceava:

se o elemento desonesto é visto como parte do grupo, a corrupção é banalizada; se esse elemento é visto como parte de um grupo estranho, com o qual não se quer associar, a corrupção é mitigada. Quanto mais compartilhada a prática de desonestidade entre pares, maior é a taxa de corrupção. Tal achado é ainda corroborado por outro interessantíssimo experimento de Ariely. Ele colocou uma máquina de venda automática de doces (sabe, aquelas de autosserviço, que costumam existir em aeroportos e oferecem desde Chokito a M&M's?) em um lugar público. No entanto, adulterou a máquina. Cada doce custava US$0,75, mas, na programação interna, ele atribuiu custo zero ao item. Assim, sempre que o dinheiro era inserido, e o doce, selecionado, a máquina devolvia todo o dinheiro de volta, junto com o doce. Um paraíso. Foi colado, em adição, um grande aviso na máquina dizendo "se a máquina não estiver funcionando bem, por favor, ligue para [um número de manutenção]".

Bom, infelizmente, ninguém ligou para o número de reparo da máquina e, a despeito de as pessoas poderem esvaziar a máquina sem pagar nada, elas roubavam em um nível módico. Pegavam, em média, três doces. A lógica de muitos se corromperem por pouco foi mantida. Nenhuma novidade, certo? Mas algo inesperado ocorreu. As pessoas começaram a chamar os seus amigos para compartilharem a novidade. Queriam que eles também pudessem se aproveitar da benesse da máquina e agissem com a mesma "pequena" desonestidade. Mais do que querer espalhar o bem, fato é que o aspecto social aparece com vigor na corrupção. Peço um pouco de calma antes de você restaurar a fé na humanidade. O compartilhamento da trapaça com amigos é a prova necessária para que a conduta se revele socialmente aceita. Afinal, se o meu amigo tirar proveito da máquina, acabo sendo automaticamente perdoado, não é? E que reine a paz na consciência de todos.

4.1.4 Corrupção como forma de vingança

Ah, a mente humana. As hipóteses de racionalização são infindáveis. Uma delas, pesquisada por Ariely em distinto experimento, é alusiva à corrupção como forma de vingança. Isso mesmo.

A dinâmica se dava em cafeterias na cidade de Boston. Um pesquisador abordava os clientes, dizia que gostaria de aplicar um estudo qualquer (uma enquete ou um teste com tarefas simples, por exemplo), que tomaria apenas cinco minutos e que pagaria US$5,00 por isso. A maioria dos clientes concordava em se submeter ao estudo. O pesquisador, então, entregava ao cliente uma folha de papel com o conteúdo a ser executado, explicava o que era para ser feito e dizia que voltaria após os cinco minutos.

Passado o intervalo de tempo, o pesquisador retornava, recolhia a folha de papel, entregava um envelope com o montante e dizia: "Aqui está o dinheiro. Por favor, conte e, se estiver ok, assine o recibo correspondente para US$5,00 e deixe este recibo na mesa ao sair". Contudo, dentro do envelope estavam US$9,00. No grupo de controle, um pouco mais de 50% das pessoas foi honesto e devolveu os US$4,00 excedentes. Logicamente isso implica afirmar que cerca da metade trapaceou...

Em uma segunda condição, o pesquisador, após interpelar o cliente e apenas começar a explicar o estudo, fingia que havia recebido uma ligação em seu celular e encenava, sem muita discrição ou constrangimento, uma conversa fictícia com um amigo seu (John), combinando de comer uma pizza naquela noite. A conversa durava cerca de 20 segundos e, logo em seguida, as instruções eram passadas aos respondentes e seguia-se à risca o roteiro do grupo de controle. Nessa nova circunstância, apenas 14% das pessoas devolveram o dinheiro excedente.

A dedução é que se criou um senso de vingança contra o pesquisador que simulou a conversa com o amigo fictício. Afinal, a abordagem havia sido abusiva, revelando falta de educação e de prudência ao tratar de assunto pessoal sem revelar qualquer embaraço. E isso alongava o tempo de espera de um ansioso cliente que só queria, *a priori*, tomar um café e ler um pouco de jornal. *Uma tremenda falta de cortesia a um bostoniano* é o que se infere. Não devolver um dinheiro era um modo racionalizável de *restaurar o carma ao mundo*, brinca Ariely.

A sensação de vingança, assim, facilita a racionalização. O alvo e o motivo para a retaliação podem ser os mais variados: a trapaça com a máquina de doces, no caso anterior, pode ser justificada cognitivamente em face de outra máquina que, no passado, ficou com seu dinheiro e não deu nenhum doce; não devolvemos o troco errado – para mais – em um supermercado porque, anteriormente, você comprou um iogurte estragado e o estabelecimento não quis estornar o valor. Ou pior: o agente administrativo vinga-se do Estado, corrompendo-se, tendo que vista que recebe um baixo salário a despeito de carregar o piano por oito ou mais horas por dia. A corrupção é o modo de restabelecer a harmonia, de balancear o carma. Temos até um provérbio que se remete a isso: *ladrão que rouba ladrão tem cem anos de perdão*.

Pronto. Eis o que se desenha com base na exposição prévia e que deve ser observado e ajuizado por um empreendedor ao lidar com os vetores da arena na qual se insere:
- muitos se corrompem por pouco, e poucos, por muito;
- o prejuízo econômico das pequenas corrupções ultrapassa, em geral, o das grandes;
- quanto maior a capacidade de o indivíduo racionalizar, ou seja, manter a sua autoimagem intacta a despeito de suas questionáveis decisões e condutas, maior a tendência a ser desonesto;
- quanto maior a distância ao dinheiro, maior a tendência a se corromper;
- quando as pessoas são lembradas sobre moralidade, elas se corrompem menos;
- quando membros de um grupo se corrompem, a desonestidade tende a aumentar por parte dos outros membros desse grupo, como um comportamento social válido: a desonestidade é contagiosa se protagonizada por alguém que carrega os valores corporativos;
- a criação de um senso de restabelecimento da justiça (ou de vingança) facilita a racionalização, incrementando a corrupção – um tipo de síndrome de Robin Hood.

Poder e capacidade de racionalização são os subsídios motrizes da corrupção, em nível micro. Estar atento a eles desnuda um pouco do *script* da desonestidade nas organizações públicas, sem romantismos ou opiniões infundadas, e aguça o senso de diagnóstico do ambiente do empreendedor.

4.2 Temos que falar (também) de culpa

Quanto do desperdício de recursos públicos se deve à corrupção e quanto se deve à mera má gestão pública, ineficiente/ineficaz/inefetiva em sua gênese?

Não há, salvo melhor juízo, informações suficientes para que enderecemos essa questão. Em primeiro plano, há tantas maneiras de se corromper e tantas fraudes que remanescem sem serem descobertas que mensurar, mesmo que relativamente, a corrupção é um esforço quase etéreo. Por ora, fiquemos com o número cabalístico do Banco Mundial: cerca de 5% do PIB global, como já dito neste capítulo, é consumido com a desonestidade na gestão organizacional, com interface direta junto ao primeiro setor.

Esforço que guarda ainda maior subjetividade, contudo, é lançar-se à mensuração do custo da má gestão pública. Diria eu que é praticamente impossível proceder a qualquer tipo razoável de aferição nesse sentido, unicamente porque não há um consenso prático, com o mínimo de rigor, sobre o que é a má gestão pública. Quando digo "consenso prático", refiro-me a uma espécie de roteiro que me permita aferir, *em todos os casos*, que se trata de má gestão.

Logicamente e aqui faço breve aparte: há uma categoria de má gestão pública que é, sim, identificável sem grandes problemas e que está presente em níveis micro, meso e macro. Um atendimento ao cidadão, prestado com má qualidade; a compra de equipamentos sem garantia, mas com manutenção onerosa, quando havia opções melhores no mercado; a construção de um píer turístico, pelo governo, onde navios de cruzeiro não conseguem atracar, já que não conseguem passar por sob uma ponte que está em sua rota... os exemplos são infindáveis (e reais).

Contudo, reconhece-se outra categoria no mínimo... nebulosa, sujeita a óticas conflitantes e a confronto de egos. Antes que você se chateie com essa polêmica afirmação – *afinal, como podemos sequer pensar em sermos empreendedores públicos se partimos da premissa de que não há um consenso pragmático capaz de bem categorizar todos os tipos de má gestão governamental?* –, peço que se alie à minha argumentação por mais alguns poucos parágrafos. Será rápido.

Vamos lá: no que toca à corrupção, temos uma sensata noção acerca das tipificações das ações ímprobas passíveis de ocorrerem:

subornos e propinas, conluios, nepotismo, desvio de verbas, obras superfaturadas, crimes de responsabilidade, tráfico de influência, prevaricação – o perímetro, ainda que se considere a perniciosa criatividade humana, é bem definido. Quando uma ocorrência dessas é descoberta, sabemos, sem grandes dificuldades, classificá-la, mentalmente e de pronto, como um ato de desonestidade.

O mesmo, todavia, não ocorre em todos os casos com a má gestão pública. Há uma fração considerável dessa má gestão que é formada por situações instaladas em seara mais abstrata, para as quais cabem diferentes juízos de valor, a depender das lentes de quem avalia o caso. Um gestor que adia a execução de um plano de ação, por exemplo, pode fazê-lo de forma estratégica, por entender que não é o momento mais adequado ou devido à percepção de que sua equipe já está com carga de trabalho acima do normal. Para ele, isso é boa gestão (ainda tal autoconvencimento possa se dar com base no mecanismo de racionalização). Em ótica distinta, alguém pode considerar tal adiamento como uma lesiva procrastinação.

Valho-me, ainda, de outra ilustração. A implantação de intensivas rotinas de controle em determinado processo administrativo (*checklists* e múltiplas instâncias de revisão, por exemplo) é passível de ser interpretada como a maneira adequada de se garantir a devida governança ao rito, cumprindo objetivo da relação de agência firmada com o cidadão. Em apreciação diversa, a prática é dita como disfuncionalmente burocrática, engessando a dinâmica organizacional. Aqui, o que se discute é a equalização entre controles e riscos, uma discussão que, se desprovida de métodos cartesianos de análise, chega a ser filosófica.

Fato é que a má gestão pública, quando situada no bojo subjetivo das análises individuais, não gera, como regra, responsabilização. Onera, contudo, em muito os cofres públicos. Consome recursos escassos sob falsas bandeiras de otimização do serviço público. Em sequência: criam-se problemas até então inexistentes, propõem-se soluções complexas, optando-se pela solução menos intricada delas (mas ainda complexa), e, no meio do processo, abandona-se essa linha de ação, por se vislumbrar que a solução estava lá a todo tempo. É a aplicação prática da teoria do bode na sala.

Em determinada organização, ora inominada, o seguinte diálogo deu-se em meados de 2018:

– Precisamos melhorar o formulário de planejamento das compras – disse uma amiga minha, há alguns meses, a seu chefe. – Minha equipe já elaborou o novo formulário, que atende aos preceitos legais. Esse formulário já foi, inclusive, validado com outros setores do órgão – disse, confiante do bom trabalho desenvolvido.

– Ótimo – retrucou o chefe, surpreso e satisfeito ao mesmo tempo. – E o que precisamos fazer agora?

– Basta implementá-lo. Pode ser um arquivo simples, editável, no Microsoft Office – respondeu minha colega, ciente de que a simplicidade é, por vezes, o caminho de melhor custo-benefício.

– Vamos falar com o comitê de governança para definir a melhor forma de implementação – decidiu o chefe, com a certeza de que as ponderações colegiadas são sempre riquíssimas (talvez tenha escrito isso com uma pitada de sarcasmo).

O citado comitê tomou a decisão de que o melhor seria que a área de TI do órgão desenvolvesse uma solução adequada para o formulário, que "conduzisse" o indivíduo durante o seu preenchimento. O resultado final, proposto pela própria área de TI, seria uma espécie de formulário inteligente, com interface amigável e que apresentasse caminhos ou atalhos conforme as respostas prévias fossem dadas. O bode entrou na sala.

Algum tempo depois, ante a série de demandas da unidade de TI para definir o projeto de desenvolvimento da solução, nenhum avanço havia sido observado. Incrivelmente, o "sisteminha de TI" já não era tão pequeno: a cada reunião, definiam-se mais funcionalidades, mais ferramentas. Ganhava corpo em velocidade impressionante. Já não era mais viável em termos de custo-benefício. Passou-se, então, a fazer *benchmarking* em outros órgãos a fim de identificar eventual solução que pudesse ser adotada de imediato. Não se logrou êxito. Seis meses depois, nada havia sido feito. O bode permanecia na sala e havia causado um transtorno geral: sujava tudo e exalava um cheiro desagradável.

Em nova reunião, quando alertado da urgência na alteração do formulário, de forma que o procedimento de compras mais bem se adequasse aos ditames legais e à crescente jurisprudência da área, o comitê de governança sugeriu que a implementação fosse em um formulário simples, no Office. Todos ficaram felizes com a coerência da decisão. Afinal, como não haviam pensado nisso antes? O bode saiu da sala. A harmonia foi restabelecida.

Um pequeno adendo aqui: não se trata, de forma alguma, de crítica à decisão colegiada. Seus benefícios são inúmeros e já consagrados na literatura política. A crítica que subjaz a história do bode é acerca da *indecisão* colegiada. É o outro lado do *continuum*. Essa indecisão, sempre maquiada de amadurecimento técnico e de ponderação, pode revelar, quiçá, uma insularização crescente da cúpula organizacional, quando esta sofre do que se chama de síndrome de húbris, um conceito visitado no próximo capítulo.

Um amigo meu, outro dia, proferiu uma palestra provocativa, que cabe como luva aqui, intitulada *O cúmulo da má gestão pública é fazer com eficiência o que, na realidade, nem era necessário*. Talvez haja cúmulo maior: *fazer com ineficiência o que nem era necessário* ao mesmo tempo em que se adota um discurso, legitimado em contexto organizacional, de que está sendo construída a oitava maravilha do mundo. A ineficiência é trivial, pouco questionada e, por vezes, valorizada, distorcendo por completo a relação de agência com a sociedade (*#desabafo!*).

Fiz uma pausa aqui. Acabei me colocando, no final deste capítulo, em um beco sem saída. Afinal, como sair desse imbróglio do parágrafo anterior? Qual a postura de um empreendedor público que se depara com o cenário descrito, no qual a culpa da má gestão pública, em sede subjetiva, é ignorada pelo capital político dominante na organização? Bom, juro que vou pensar nisto: em uma alternativa plausível. Por ora, confesso que corro o risco de estender a "sessão desabafo" já iniciada.

Já é final do dia. Aliás, hoje é Natal! Dia de renovar a esperança, e não de apontar falhas na gestão pública, reflito. Então, farei uma pausa. Amanhã cedo continuo. Uma noite de sono, conjeturo, pode revelar linhas de raciocínio mais exatas. Durmam bem!

Uma palavra que não apareceu em minha análise (de ontem) é *incompetência*. Talvez não quisesses, até agora, ter feito uso dela, mesmo porque pode soar pedante. Afinal, quem aponta a incompetência de uma pessoa é colocado, naturalmente, em patamar superior, como se um ato de vanglória fosse. Mas não é o caso aqui. Partindo-se da premissa de que a vida profissional é um aprendizado contínuo (mas não linear), é de se esperar que sejamos menos incompetentes amanhã do que somos hoje – logicamente seria mais bonito dizer "mais competentes amanhã", mas, propositalmente, quis usar a metáfora do copo meio vazio ao invés do meio cheio. Ou seja, todos nós temos certa dose de incompetência, que, aspiramos, seja minimizada ao longo do caminho. No entanto, continuaremos, até mesmo no futuro, vendo o mundo de forma enviesada, salientando-se a parte que nos é mais sensível (ou conveniente). É o tal do *homem administrativo*, muito mais modesto e realista do que o *homem econômico* da administração clássica. Somos, de acordo com a teoria da racionalidade limitada desenvolvida pelo economista Herbert Simon, "limitado[s] no conhecimento de todas as alternativas" (BALESTRIN, 2002, p. 5).[56] Eis a justificativa – agora sem qualquer tom satírico – das decisões colegiadas.

    A má gestão pública pode ser – e é – muitas vezes esteada na incompetência. Talvez isso seja o óbvio ululante. No entanto, o que se entrevê é a existência de uma espécie de superestrutura para isso, uma *"governança da incompetência", mantida de forma culposa, em nível micro, e por vezes dolosa, em nível macro.*

    Em nível micro, a incompetência implica uma dura penalidade ao indivíduo: em primeiro plano, ele comete erros e toma decisões desfavoráveis. Em segundo plano, essa mesma incompetência o torna desprovido de perceber que sua conduta levará a uma *performance* inferior. É uma espécie de maldição dupla, também chamada de efeito *Dunning-Kruger* ou de *superioridade ilusória*.

    David Dunning é hoje um professor de psicologia aposentado da Universidade de Cornell, situada em Ithaca, Nova Iorque, uma das 20 melhores universidades do mundo. Com um currículo que soma mais de 80 artigos publicados na área de psicologia experimental, sua pesquisa tem por foco principal o modo como

---

[56] BALESTRIN, A. Uma análise da contribuição de Herbert Simon para as teorias organizacionais. *REAd*, v. 8, n. 4, p. 1-17, 2002.

as pessoas veem a si e a seus pares, em termos de precisão ou de ilusão. Em 1999, publicou um artigo em conjunto com seu então orientando de doutorado Justin Kruger, cujos achados se tornaram virais em anos subsequentes.[57]

Em provocativa preleção realizada em outubro de 2017, por ocasião da *EconED Conference*, promovida pela Macmillan Learning,[58] Dunning inicia sua argumentação a partir de uma atípica abordagem sobre a ignorância. Vale-se, inicialmente, de citação do filósofo austríaco Karl Popper, inscrita em texto introdutório da obra *Conjeturas e refutações*,[59] que versa sobre as fontes do conhecimento e da ignorância:

> Quanto mais aprendemos sobre o mundo, quando mais profundo o nosso conhecimento, mais específico, consistente e articulado será o nosso conhecimento do que ignoramos – o conhecimento da nossa ignorância. Essa, com efeito, é a principal fonte da nossa ignorância: o fato de que o nosso conhecimento só pode ser finito, mas a nossa ignorância deve ser necessariamente infinita. [...] Vale a pena lembrar que, embora haja uma vasta diferença entre nós no que concerne aos fragmentos do que conhecemos, somos todos iguais no infinito de nossa ignorância (POPPER, 1992, p. 28-29).

Grosso modo, o argumento de Popper (1992) é difícil de se rebater. Goza, poderíamos dizer, de relativa unanimidade. Um pouco mais controverso, porém, avalia Dunning, é identificar quando, em nosso cotidiano, cruzamos a fronteira entre o que sabemos e o que não sabemos. Na realidade, diz o psicólogo, "nós somos ignorantes até mesmo de onde está essa fronteira". Dito de outra forma, nós não sabemos o limite de nosso conhecimento, e a ignorância evidencia-se incapaz de identificar a si mesmo.

No artigo de Kruger e Dunning (1999), são apresentados quatro experimentos, que tiveram como amostra alunos de psicologia de Cornell. Foram analisadas as competências dos estudantes nos campos da gramática, raciocínio lógico e humor. De modo geral, os estudantes eram perguntados, previamente, sobre seus níveis

---

[57] KRUGER, J.; DUNNING, D. Unskilled and Unaware of It: How Difficulties in Recognizing One's Own Incompetence Lead to Inflated Self-Assessments. *Journal of Personality and Social Psychology*, v. 77, n. 6, p. 1.121-1.134, 1999.
[58] Disponível em: https://www.youtube.com/watch?v=ErkhYq13VVE&t=981s. Acesso em: 29 dez. 2018.
[59] POPPER, K. *Conjetures and Refutations*: the Growth of Scientifica Knowledge. New York: Basic Books, 1962.

de *expertise* em cada um desses campos e, em seguida, realizavam uma série de testes que avaliavam seus desempenhos práticos. Os resultados confirmaram as hipóteses de que (i) as pessoas com os menores desempenhos nos testes tendiam a superestimar suas *performances*, e (ii) os indivíduos com os melhores desempenhos tendiam a subestimar, ainda que em menor intensidade, seus *scores*. As explicações para os dois achados, contudo, são distintas.

No primeiro caso, há um viés com raízes cognitivas,[60] no qual a própria incompetência é a motriz para a inabilidade de se reconhecer que o desempenho é abaixo da média; no segundo caso, a explicação é de cunho psicológico, lecionam Kruger e Dunning (1999). Para os autores, esses últimos participantes, por não verem nada de sobre-humano na tarefa a eles imputada, pressupõem que seus pares também teriam *performances* acima da média. Há, desse modo, a desvalorização de suas habilidades comparadas, mas não em termos absolutos.

Destaca-se que, se o *efeito Dunning-Kruger* tem sido utilizado para se referir aos "incompetentes que se superestimam", a *síndrome do impostor* é o termo cunhado para se reportar aos "competentes que se subestimam" e que, nessa condição, se veem como uma espécie de fraude, passíveis de serem descobertos a qualquer instante, conforme ilustrado na figura a seguir:[61]

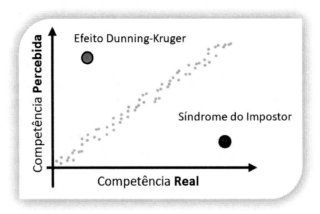

---

[60] Kruger e Dunning (1999) referem-se à variável independente como *falta de habilidades metacognitivas*.

[61] Adaptada a partir de https://projectmentoring.wordpress.com/2015/06/19/o-efeito-dunning-kruger/. Acesso em: 30 dez. 2018.

A síndrome do impostor é tópico pouco visitado no debate nacional sobre gestão de pessoas. É caracterizado academicamente por Ehrlinger, Johnson e Banner, que, em conjunto com Dunning e Kruger, publicaram artigo em 2008[62] na tentativa de elaborarem explicações alternativas para o efeito de superioridade ilusória. No entanto, tal fenômeno já havia aparecido na literatura científica na década de 1970, em pesquisa de Clance e Imes (1978)[63] dedicada a clarificar a ocorrência da síndrome em mulheres bem-sucedidas profissionalmente, mas que vivenciavam os efeitos de baixa autoestima em decorrência de estereótipos sociais.

Resolvi, inspirado nesse monte de pesquisas que li, fazer um microexperimento em minha casa. A amostra, logicamente, foram os pequenos Matheus e Catarina:
– Matheus, você sabe jogar bola?
– Sim, eu jogo muuuuito – respondeu Matheus, quase perdendo o fôlego.
– E você acha que tem algum menino da sua idade, no mundo inteiro, que jogue melhor do que você? – provoquei.
– Não. Eu sou o melhor. Porque meus coleguinhas não jogam tanto futebol – respondeu meu filhote, talvez sem a menor noção do que seja o "mundo inteiro", e nem de quantas crianças de três anos jogam bola, mas certo de que ele era o melhor do mundo!
Fiz o mesmo teste com minha filha, bem mais madura no alto de seus cinco anos.
– Eu não sei se eu sou a melhor do mundo, mas eu jogo bem.
Minha hipótese: com a idade, se tudo correr bem, vamos abandonando o efeito Dunning-Kruger, mas que, às vezes, é bom nos superestimarmos sem nada a perder, ah, é bom demais!
Outra conclusão óbvia, sem relação imediata com essa obra: as mulheres amadurecem mais rápido... rsrsrs.

---

[62] EHRLINGER, J.; JOHNSON, K.; BANNER, M.; DUNNING, D.; KRUGER. Why the unskilled are unaware: Further explorations of (absent) self-insight among the incompetent. *Organizational Behavior and Human Decision Process*, v. 105, n. 1, p. 98-121, 2008.
[63] CLANCE, P.; IMES, S. The Imposter Phenomenom in High Achieving Women: Dynamics and Therapeutic Intervention. *Psychoterapy Theory, Research and Practice*, v. 15, n. 3, p. 241-247, 1978.

Há, conforme se depreende da literatura dominante da área, diferentes gradações dessa síndrome. Estende-se desde uma leve deformação metacognitiva – certa humildade intelectual comparativa – até comportamentos com raízes depressivas. Inicialmente, a síndrome do impostor foi identificada como uma condição restrita a mulheres. Atualmente, em que pese restar superada qualquer visão de exclusividade de gênero, acredita-se que é mais prevalecente em minorias – nesse caso, realça-se a população feminina inserida em ambientes de negócio dominados por homens.

Toda essa discussão pode ser sintetizada pela seguinte citação atribuída ao filósofo inglês Bertrand Russel: "O problema com o mundo de hoje é que os estúpidos são excessivamente confiantes, e os inteligentes são cheios de dúvidas".

No primeiro setor, gestores com significativas lacunas de competência tendem a tomar decisões desacertadas – em nome do Estado –, mas são incapazes de discernirem ou de anteciparem seus baixos desempenhos. Não raramente, são circundados por indivíduos que compartilham da mesma lacuna ou, de forma distinta, que não se predispõem a ingressar em eventual conflito de visões, mantendo-se inertes. Logicamente, há também os bajuladores, que apenas concordam com tudo e que conferem maior intensidade à já inflada – e infundada – confiança do dirigente. Quando confrontados com o resultado pífio, os decisores podem não conseguir associá-lo – em direta relação entre causa e efeito – com o seu papel no processo decisório. Remanescem, pois, no posto de regentes, com um estamento que dá suporte à má gestão. É a tal governança da incompetência, em nível micro.

Bom, mas há um nível macro, como dito anteriormente, que também dá forma a essa governança... mas isso é outra história, merecedora de um lugar especialíssimo neste diário.

4.3 É... talvez seja o momento de falarmos de poder

Neste ponto, em concordância com as boas técnicas dissertativas, um bom escritor deve retornar à pergunta inicial e fazer as amarrações necessárias a fim de verificar se reuniu, ao longo do texto, informações suficientes para, no mínimo, dotar o(a) leitor(a) de ferramentas para refletir.

> *Afinal, como tratar o dolo e como tratar a culpa? Ou, indo além, como inovar, gerir equipes e se situar perante atores sujeitos a serem corruptos ou corruptores e a tratarem a ineficiência como algo trivial?*

Bom, era essa a pergunta... vixe.

Admito que as indagações não foram exauridas aqui, mas já começamos a traçar um caminho para tanto. Este capítulo trouxe algumas viagens à *psique* humana, que retrataram facetas próprias ao comportamento individual, mas olvidadas no arcabouço meso e macro do qual a gestão pública usualmente se vale.

Contudo, abordagem mais completa só é provida ao se desnudarem as conformações políticas na dinâmica organizacional. O empreendedor público nada contra a maré na maior parte do tempo. Para ter sucesso, deve ter acurada noção das regras do jogo, dos *players*, dos interesses, da governança da incompetência – gostei desse termo, sabia? – e de como suas estratégias podem se inserir nesse misto de teatro e arena.

Pronto(a)? Verdades, egos, conflitos. Uma verdadeira novela nos espera nas próximas páginas.

CAPÍTULO 5

PODER NAS ORGANIZAÇÕES PÚBLICAS: ENTROPIA, INSTITUCIONALISMO E A LUTA PELA MANUTENÇÃO DO *STATUS QUO*. AH, CLARO, A (AUTO)ARMADILHA DO EGO

> *A ambição comete, em relação ao poder, o mesmo erro que a ganância em relação à riqueza: começa a acumulá-la como meio de felicidade e acaba por acumulá-la como objetivo.*
>
> Charles Caleb Colton (1730-1832), clérigo e escritor inglês

Antes de ingressar no *corpus* principal deste capítulo, permita-me breve revelação, caro(a) leitor(a). Enquanto escrevia o capítulo passado – mais exatamente no final de 2018 –, recebi um inesperado convite profissional. A oportunidade era assumir o cargo de secretário-adjunto de gestão do Ministério da Economia, ficando encarregado da pauta de logística (compras públicas e transferências da União) de todo o Poder Executivo federal. Após dez anos na Câmara dos Deputados, cinco dos quais como diretor de compras, confesso que jamais havia vislumbrado esse rumo.

O desafio seria enorme. Nova realidade, nova equipe. De certa forma, um recomeço. Em termos financeiros, não haveria ganhos, mas teria a oportunidade de fazer a diferença em escala muito superior; de evitar a neutralidade, como já bem preconiza Dante; de inovar – afinal, nossa conversa neste diário não é sobre isso? Aceitei. Cavalo encilhado não passa duas vezes, diz o ditado popular.

Pronto. Mais leve agora, após compartilhar essa promissora novidade, podemos ir em frente.

É creditado ao escritor estadunidense John Steinbeck, Nobel de literatura e autor da obra-prima *As vinhas da ira*, a seguinte reflexão: "O poder não corrompe. O medo corrompe... provavelmente o medo da perda do poder". Tal assertiva, simples em um juízo inicial, traz consigo meandros não perceptíveis aos menos atentos. Porém, vamos com calma.

Ao iniciar este capítulo, sinto-me obrigado a fazer uma brevíssima reflexão. Surge um quê de desconforto no ar quando falamos de poder. Um sentimento de que levantarei o tapete e revelarei algo que costumamos varrer para debaixo dele há tempos. Sabe aquele negócio de encarar uma verdade que nos acostumamos a ignorar? É isso.

O também escritor estadunidense Eric Liu, ex-assessor do presidente Bill Clinton e hoje CEO da *Citizen University*, uma organização não governamental que milita pelo exercício da cidadania, resumiu com rara propriedade o cerne desse sentimento em palestra realizada em 2014:[64]

> Nós não gostamos de falar sobre poder. Nós nos sentimos amedrontados com isso. Vemos uma certa maldade nisso. Nós nos sentimos desconfortáveis em dar nome a ele. [...] O poder tem um valor moral negativo. Soa maquiavélico por natureza.

Em nível macro, em uma democracia, todo o poder pertence ao povo – sendo exercido, como regra, diretamente ou via seus representantes eleitos. Qualquer discussão mais profunda que revele desvirtuamento desse comando global ecoa perversa e, conjecturo, essa conotação nefasta ao conceito de *poder* afastou, historicamente, as pessoas da plena capacidade de entender suas nuances. Os indivíduos comuns são, hoje, analfabetos no que concerne a poder, poderíamos dizer com certo descomedimento, e

---

[64] Disponível em: https://www.youtube.com/watch?v=Cd0JH1AreDw. Acesso em: 01 jan. 2019.

isso causa uma notável deformidade com relação aos poucos que se inserem proativamente no jogo do capital político, *lato sensu*. Eis o que disserta um arguto Liu:

> Como resultado desse analfabetismo, os poucos de fato que entendem como o poder funciona [...], aqueles que entendem como uma proposta vira uma lei, sim, mas também como uma amizade se torna um subsídio, como um preconceito se torna uma política, como um *slogan* se torna um movimento... Pessoas que entendem essas coisas exercem uma influência desproporcional, e elas estão mais do que felizes em preencher esse vácuo criado pela ignorância da grande maioria.

Do excerto acima, vemos, na administração pública brasileira, em rotina diuturna, amizades se convertendo em subsídios. O emprego dos contatos de um indivíduo como capital social dá-se não apenas na formação patente de *lobby*, advogando-se por interesses privados, mas também em searas mais internas, que ora espelham um aparelhamento ideológico estatal, ora corporificam estratégias pessoais para auferirem vantagens pecuniárias. Vemos também preconceitos que se tornaram políticas fundadas em estereótipos, e não em verdades. Quanto a *slogans*... são um caso à parte e bastante corriqueiro na esfera da política nacional.[65] Traços que se imiscuem na cultura brasileira, arraigados em nosso ideário de setor público.

Liu defende *que a maior parte desse analfabetismo político é voluntária*. Na realidade, pondero, mais do que um voluntarismo, há uma incompreensão acerca do modo adequado de se posicionar. Existem, discorre aquele escritor, os que se afastam deliberadamente da política por vê-la como degenerada e há os que pressupõem que a cura para qualquer abuso ou desequilíbrio de poder é o binômio *mais dados e transparência*. Os de esquerda veem (criticamente) o poder centrado nas grandes corporações e, alguns da direita, no governo. Resignados creem que a distribuição do poder é do jeito que é. Inconformados bradam contra essa distribuição, mas suas lamúrias surtem pouco ou nenhum efeito. A seletividade decisória mantém a cegueira desses grupos.

---

[65] Valho-me, evitando ingressar em contendas, de um exemplo estrangeiro: a revista canadense *Adbusters Quarterly* estampou uma manchete, em 2011, que acabou virando um meme – *Occupy Wall Street*. Por meio de um grupo ativista, isso virou um movimento global, com gênese em Manhattan, Nova Iorque, contra a desigualdade social e econômica.

Ao empreendedor público, o conhecimento dos fluxos de poder nas organizações é imprescindível. Um olhar impreciso ou inconcluso, nesse aspecto, é pena capital. A alienação política tende a se realimentar como consequência da concentração de poder por um estamento reduzido, monopolizador do conhecimento sobre a dominação institucional. Questões elementares devem vir à baila. Questões que se voltam, por vezes, ao nível pessoal. Devem ser confrontadas, respondidas, digeridas e assimiladas. Qual o seu objetivo profissional? O quão dependente você – e sua felicidade – são dele? Qual sua estratégia, suas táticas? Como se apresenta o campo de batalha? Quais seus aliados, seus inimigos? Como você lida com o fracasso? E, não menos importante: poder, para você, tem uma velada adjacência com vaidade?

Levantemos o tapete.

5.1 Conceito e fontes de poder nas organizações

A maior parcela das pessoas detém uma noção intuitiva do significado de poder. Ainda assim, não há, com preciso rigor científico, uma definição unânime desse construto, em especial quando aplicado no âmbito organizacional (HISLOP, 2013).[66] Em adição, malgrado o crescente interesse, discussões objetivas e diretas sobre poder são tênues, remanescendo, pois, como tópico subexplorado (GORDON; GRANT, 2005).[67] O que se identifica são abordagens apenas tangenciais e visões multifacetadas ao redor das quais orbitam outros conceitos, tais como autoridade, dominação, influência, liderança, controle, justiça e liberdade, em rol não exaustivo.

Neste ponto da nossa discussão, valer-me-ei de interessante *insight* que Hoffman e Graham (2013)[68] trazem sobre o nexo

---

[66] HISLOP, D. *Knowledge Management in Organizations*: A Critical Introduction. 3rd Edition. Oxford: Oxford University Press, 2013.
[67] GORDON, R.; GRANT, D. Knowledge management or management of knowledge? Why people interested in knlowledge management need to consider Foucault and the constructo of power. *Journal of Critical Postmodern Organization Science*, v. 3, n. 2, p. 27-38, 2005.
[68] HOFFMAN, J.; GRAHAM, P. *Introduction to Political Theory*. 2nd edition. New York: Routledge, 2013.

entre *poder* e *liberdade* e que faz emergir um pouco da opacidade que envolve suas essências. Liberdade pode ser vista sob duas perspectivas, argumentam aqueles autores. De um lado, alude à possibilidade de o indivíduo exercer poder, mudando a si mesmo ou o seu ambiente, expressando-se e agindo de acordo com seus desígnios. É ativa. A liberdade de expressão, ilustram, concerne ao poder de uma pessoa dizer o que pensa, seguindo sua vontade. O exercício da liberdade ativa é associado ao chamado "poder positivo", produtivo e inventivo em sua natureza.

Por outro lado, liberdade pode dizer respeito, também, a um estado no qual ninguém deliberadamente interfere com você. É uma condição na qual o agente permanece autônomo, independente, isento de obrigações impostas por outros e que se contraponham ao seu arbítrio, tendo seus direitos respeitados. É uma espécie de liberdade-passiva.

Logicamente, impõem-se limites à liberdade individual. A liberdade ativa, muitas vezes, tem seu alcance refreado justamente quando passa a ferir a liberdade passiva. O poder de fumar, por exemplo, é mitigado quando se entende que a prática é prejudicial aos que desejam respirar um ar puro, digamos assim. De todo modo, o que se realça é que a intersecção entre os dois tipos de liberdade ocorre, inevitavelmente, quando da relação entre indivíduos, quando os campos de força almejados se tocam. Em outras palavras, *lato sensu*, em contexto organizacional, o poder é originado e exercido na relação entre pessoas, em nível microssociológico.[69]

O vínculo entre liberdade e poder[70] dá forma a múltiplos sentidos desse último conceito e, na cronologia das teorias de poder, há de se reconhecer, diversas assunções filosóficas foram afloradas, de sorte que uma visita mais amiúde dessa evolução temporal é esforço que facilmente poderia desvirtuar o aspecto ferramental desta obra. Aristóteles, Platão, Maquiavel, Locke, Hobbes, Parsons, Hegel, Marx, Gramsci, Dahl, Bourdieu, Foucault,

---

[69] Note que estamos fazendo um recorte conceitual. O poder próprio das relações sociais não considera, de imediato, a capacidade política do indivíduo de produzir mudanças em si mesmo ou de exercer poder sobre a natureza, por exemplo.

[70] Liberdade e poder... há um modo distinto de vermos essa relação: como base à felicidade no ambiente organizacional. Veremos isso mais adiante.

Elias... o rol é, concomitantemente, vasto e rico. O paradoxo é que o estudo do poder, a despeito de acompanhar o progresso do pensamento humano, se mantém, quando falamos do universo interno das organizações (especialmente as públicas), escondido, preso no mundo tácito, subentendido. Afinal, pega mal falar de poder, dissemos há pouco.

No contorno desta obra, valho-me, preambularmente e por opção, de uma das definições contemporâneas clássicas de poder, de autoria do sociólogo alemão Max Weber – ah, eu sou fã de Weber, tenho que reconhecer –, assim consignada: "[Poder é] toda probabilidade de impor a própria vontade numa relação social, mesmo contra resistência, seja qual for o fundamento dessa probabilidade" (WEBER, 1994, p. 33).[71] [72]

Minha opção por Weber é norteada pela seguinte linha de raciocínio:

(i) a concepção weberiana concentra-se, a bem da verdade, em uma subcategoria de poder cunhada na especificidade da ordenação hierárquica em sociedades burocráticas modernas (GUZZINI, 2007).[73] Constitui-se de perspectiva na qual poder e dominação são conceitos que caminham juntos, entrelaçados;

(ii) a burocracia, na ótica de Weber, é um tipo ideal de organização, firmado em abstrações como especialização, divisão de trabalho, profissionalismo e meritocracia. Porém, em especial, burocracia é uma forma de poder no modelo de análise sociológica daquele autor, baseada no exercício da autoridade racional-legal que emana de um cargo, e não da pessoa que o ocupa;

(iii) as organizações públicas brasileiras são formadas, como regra, seguindo o modelo burocrático weberiano, tendo

---

[71] WEBER, M. *Economia e sociedade*. Brasília: Editora da Universidade de Brasília, 1994.

[72] A adoção dessa definição, com pequenas variações, é protagonizada por um sem-número de autores – como os aqui já citados Hoffman e Graham (2013) e, até mesmo, Eric Liu. Sua relevância dá-se, em termos históricos, por, no pós-Segunda Guerra Mundial, servir de embrião a um pensamento político organizacional, trazendo uma ligação com a linha racional de Hobbes.

[73] GUZZINI, S. Re-reading Weber, or: The Three Fields for the Analysis of Power in International Relations. *DIIS Working Paper*, 2007.

por marco inicial a reforma daspiana (1936) e cujas características se perpetuam como a espinha dorsal de seus elementos estruturais. Ótimo. Temos, agora, um ponto de partida. As teorias sociológicas, desde Durkheim, sempre se preocuparam com o processo de legitimação das relações sociais, que dão forma para que indivíduos individualmente livres passem a estabelecer dinâmicas em comunidade. Nesses lindes, Weber está preocupado com a legitimação das relações de poder, de dominação, ou seja, os mecanismos que implicam aceitação sobre a quem esse poder é exercido, evitando, desse modo, o uso da força.

Há três tipos puros de dominação, retratados na obra *Economia e sociedade*, de Weber, a saber:
- *tradicional* – exercido com base em costumes arraigados culturalmente, solidificados em valores e na moral. É o caso, por exemplo, do exercício do poder pelo patriarca de uma família;
- *legal* – a base do poder dá-se na autoridade exercida em razão da existência de normas formais. O exemplo é o poder que decorre da hierarquia formalizada;
- *carismática* – a dominação tem por base traços do indivíduo que exerce o poder, que evoca um senso de obediência por devoção e confiança.

A organização burocrática possui, em teoria, suas fontes de poder predefinidas. O capital político flui hierarquicamente, de forma impessoal e mediante uma dominação racional-legal. O problema é que o quadro está incompleto: no mundo real, há outras fontes de poder, nas organizações, que fogem ao preceito weberiano. Estudos ulteriores passaram a investigar distintas formas ou tipos de poder, que crescem dentro das estruturas burocráticas e que possuem configurações variadas. A título de ilustração, registro a tipologia de poder desenvolvida no âmbito da teoria do poder social, de French e Raven (1959),[74] que oferece 6 (seis) categorias distintas do construto, de acordo com o quadro a seguir:

---

[74] FRENCH, J. R. P.; RAVEN, B. The bases of social power. *In*: CARTWRIGHT, D. *Studies in social power*. Ann Arbor: University of Michigan, 1959.

TIPOS DE PODER

CATEGORIA	DESCRIÇÃO
Poder de recompensa	O agente submisso percebe o que detém o poder como dotado de capacidade de mediação de recompensas, direta ou indiretamente.
Poder de coerção	O agente submisso percebe o que detém o poder como dotado de capacidade de aplicação de punições.
Poder legítimo	Advém do exercício das dominações legal e tradicional, na concepção weberiana.
Poder de referência	Advém do exercício da dominação carismática, na concepção weberiana.
Poder de perícia	O agente submisso percebe que o que detém o poder possui competências (conhecimentos, habilidades, atitudes) excepcionais.
Poder de informação ou persuasão	Trata-se de uma derivação do poder de perícia, no qual o poder repousa no fato de o agente deter informação ou argumento capaz de suscitar determinado comportamento no sujeito submisso.

Falamos pouco de poder, já alertou Eric Liu no início deste capítulo. A falta de hábito, nesse sentido, implica a atrofia de nossa competência em fazer um bom diagnóstico do ambiente político organizacional. A imperícia é, sobretudo, um problema de nível de análise, conjuturo. Vetores de poder podem ser originados tão somente do indivíduo, em nível micro, ou da estrutura, em nível macro, a depender de como conseguimos – e queremos – enxergar. Exemplifico: a dominação carismática é passível de ser vista como um exercício microssociológico, no nível do agente, com base nas características pessoais do dominante. Em ótica outra, os atributos de quem tem carisma podem ser vistos como condicionados pela cultura estabelecida (variável de nível macro, pois), em realidade institucionalizada. Uma pessoa extremamente flexível, aberta, informal e despreocupada com o longo prazo pode ser carismática no Brasil, mas talvez não o seja no Japão, que goza de realidade cultural diversa.

Há certa complexidade insatisfatória aqui. Como um empreendedor deve regular sua perspectiva ao se lançar a compreender os fluxos de poder em seu ambiente? O facho de luz por ele lançado deve vir do lado micro ou macrossociológico? Esse dilema não é, de modo algum, inédito. É um impasse – ou um hiato – que acompanha todo o desenvolvimento da teoria social. Como prover o melhor diálogo entre os níveis macro e micro? Em termos mais acurados, romper a limitante dicotomia agente/estrutura ou objetivismo/subjetivismo nas análises soa como o prisma mais adequado ao gestor. Incrementa seu potencial de percepção ao mesmo tempo em que mitiga as distorções próprias ao extremos.

Esse enfoque, penso, não é muito comum em uma obra típica da literatura de aeroporto – e isso me inquieta, até certo ponto. Estaria eu me afastando desse nicho tão popular? Não é o meu intuito! Mantendo o espírito empreendedor que acompanha este livro, lançar-me-ei a uma tarefa hercúlea: falar de conhecimento praxiológico (!!), de Giddens e de Bourdieu em linguagem super hiperacessível e, ainda, moldar as contribuições teóricas desses sociólogos de forma que sejam aplicadas ao cotidiano de um gestor. Muita audácia, decerto. A sorte acompanha os audazes, reza o lema dos mergulhadores de combate.[75] E que assim seja.

5.2 Por um retrato mais fiel do elefante: as práticas e o ajuste do nível de análise político

Em breve narrativa, gostaria de me ater à abordagem dos sociólogos Anthony Giddens e Pierre Bourdieu. Antes, contudo, edifico a razão para isso: os trabalhos desses caras são referidos como basilares ao colocarem as práticas como a unidade central de análise na teorização e na pesquisa em ciência social (SPAARGAREN, 2006). Se isso pode soar como se nada agregasse, calma lá.

---

[75] *Fortuna audaces sequitur*, em latim, lema do Grupamento dos Mergulhadores de Combate, uma das unidades de operações especiais mais respeitadas do Brasil.

Quando você lê um texto que se volta a um conceito de cunho social – racionalidade, poder, comportamento, desempenho, inovação etc., mesmo que de um *blog* ou uma notícia de jornal, desprovidos, pois, do rigor acadêmico –, é essencial notar as premissas envolvidas. Todo(a) autor(a) carrega consigo uma espécie de lente que o(a) faz interpretar o mundo de determinada(s) forma(s): chamamos isso de cultura, conceito de maior centralidade na família dos anteriores citados.[76]

Um brevíssimo aparte, se me permite.

Lembro com estranha nitidez da minha primeira aula como aluno no mestrado, há quase uma década. A disciplina era *Organizações, Instituições e Cultura*, um conteúdo bastante árido para alguém que, até lá, havia se dedicado, em seu maior tempo, ao estudo das assim denominadas ciências exatas. O tópico discutido era ontologia e epistemologia,[77] guiado pelo clássico *A estrutura das revoluções científicas*, do físico e filósofo estadunidense Thomas Kuhn.

Lá pelas tantas, começa uma viva discussão. Meus novos colegas pareciam entusiasmados ao debaterem se "a realidade existe por si só ou existe dessa forma porque a percebemos assim" (uau!!!). A mim, o debate parecia surreal, um completo disparate. Alheio aos impasses filosóficos que importunam alguns, acabei tomando a iniciativa – a coragem – de, num rompante, fazer brilhante contribuição: "Faz alguma diferença?" – indaguei ao grupo. Bom, do que me recordo, minha colocação não foi, exatamente, um sucesso. Um olhar generalizado de semifuzilamento (se é que existe tal coisa como um fuzilamento mais brando) foi o que consegui.

Hoje, contudo, vejo um pouco de lógica nesse debate, se provido de lógica aplicada e instrumental. A mim – e aqui eu

---

[76] Logicamente, há aspectos de ideologia que também se encaixam aqui. Sobre esse assunto, reservarei espaço de discussão próprio mais adiante, nesta obra.

[77] Não cairei na armadilha de desvendar, aqui, esses conceitos. Contudo, caso você tenha um súbito e inquietante interesse por eles, dê uma olhada em: https://criteriorevisao.com.br/o-que-e-ontologia-e-epistemologia/.

assumo uma posição –, em decorrência da própria racionalidade limitada do ser humano, cada pessoa entende a realidade de um modo particular. O indivíduo traz consigo filtros construídos ao longo de sua vida, moldados em experiências pretéritas. Enfatiza certos aspectos de seus objetos de estudo em detrimento de outros, que, ou não são julgados relevantes no momento, ou não são sequer vislumbrados. Nessa visão – e espero que eu não esteja sendo filosófico ao extremo! –, não há uma só realidade passível de retrato, mas, sim, realidades diversas, que se complementam.

Se o aparte se alonga um pouco mais do que previsto, é porque não me privarei de ilustrar o dito acima, valendo-me de um poema de John Godfrey Saxe,[78] autor de uma releitura de uma parábola indiana intitulada *Os cegos e o elefante:*[79]

Seis homens sábios do Industão,
Uma terra bem distante,
Ouviram, atentos, os boatos
Sobre um animal gigante
E, apesar de serem cegos,
Foram ver o elefante.

O primeiro passou as mãos
Sobre sua barriga dura e falha
E explicou bem confiante
"Minha análise não falha:
Esse tal de elefante
Mais parece uma muralha!"

O segundo tocou as presas
E proclamou com confiança:
"Este tal de elefante
Não é brincadeira para criança
Tão pontudo e afiado
Mais parece uma lança!"

---

[78] Saxe também é famoso pela célebre frase: "As leis, como as salsichas, deixam de inspirar respeito na proporção em que sabemos como são feitas". Ainda que soe muito atual essa colocação no contexto brasileiro – tanto para salsichas quanto para leis –, a colocação de Saxe data do século XIX, nos Estados Unidos.

[79] Versão traduzida disponível em: https://www.recantodasletras.com.br/audios/poesias/39764. Acesso em: 21 jan. 2019.

> O terceiro chegou à tromba
> Elogiando a bela obra
> "...tão cumprido, e gelado,
> Vejam só, ele até dobra!
> O flexível elefante
> Mais se parece uma cobra!"
>
> O quarto sentiu a pata
> E teve logo a recompensa
> Percebendo as semelhanças
> Anunciou com indiferença
> "Esse animal mais se parece
> Com uma árvore imensa!"
>
> O quinto tocou as orelhas
> E sugeriu, conservador:
> "Mas que belo utensílio,
> Nestas tardes de calor,
> Este tal de elefante,
> Mais parece um abanador!"
>
> O sexto subiu às costas
> Despencando na outra borda
> E pendurado ao rabo, disse:
> "Não sei se alguém discorda,
> Mas, para mim, esse animal
> Mais se parece com uma corda!"
>
> E então os sábios homens
> Discutiram inconformados
> Cada um com seu discurso
> Sem ouvir os outros lados
> Pois estavam certos, em partes.
> Mas todos errados!

Não raramente somos cegos que, incessantemente, tiramos conclusões inflexíveis sobre a parte, sem perceber o todo. Ao empreendedor, perceber que as verdades são tudo, menos universais, é postura adequada. Resguarda um senso de humildade e de diagnóstico perene. Sim, fazemos gestão olhando a ponta do *iceberg*, mas devemos considerar as distintas possibilidades daquilo que está imerso, imperceptível a olho nu.

Quantas vezes empreendedores erraram por considerarem apenas processos e se esquecerem das pessoas? Ou por focarem pessoas e desconsiderarem tecnologia? Por pensarem em operações e em tarefas, mas dispensarem pouca atenção à estrutura? E, em especial, por serem intensivamente prescritivos, chocando-se em aspectos de cultura e de poder que assim não permitiam? A própria cronologia das teorias administrativas, desde Taylor e Fayol, nos escancara essa realidade.

Agora, sim. Fim do aparte. Voltemos ao poder. E a Giddens e Bourdieu.

Pois bem. Giddens e Bourdieu deram um passo adiante no estudo das relações sociais. Quando estudamos as relações de poder em organizações, estamos preocupados em aclarar as dinâmicas que dão forma à ordem social. Qualquer concepção nesse sentido implica prover uma visão sobre o que conecta a ação dos indivíduos (agência) às estruturas (instituições, regras formais e informais, cultura organizacional etc.) nas quais estes estão imersos. No entanto, a história da teoria social revela que o foco quase sempre recai sobre um *ou* outro elemento (agência *ou* estrutura), mas não sobre o diálogo entre eles. Não há, assim, uma articulação genuína entre os dois planos, mas uma redução de uma dimensão à outra (PETERS, 2011).[80]

Em franca linguagem: um foco desmedido no indivíduo acarreta subestimar os condicionamentos estruturais mais amplos. É uma falácia microssociológica ou atomística, podemos dizer, na qual o voluntarismo parece preponderar. Já um foco desmedido na estrutura reduz *insights* sobre as possibilidades criativas dos atores organizacionais, bem como suas estratégias e potenciais de intervenção em seus meios. O determinismo, nesse caso, prevalece. É uma falácia ecológica, e a superação desse embate entre subjetivismo e objetivismo[81] é encontrada, justamente, nos desenvolvimentos praxiológicos de Giddens e Bourdieu.

---

[80] PETERS, G. A praxiologia culturalista de Anthony Giddens. *Teoria & Pesquisa: Revista de Ciência Política*, v. 20, n. 2, p. 123-147, 2011.
[81] Bora lá. As óticas subjetivistas aproximam-se do *sujeito*, do ator individual – como exemplos, temos o interacionismo simbólico, a fenomenologia social e a etnometodologia. Já as objetivistas associam-se ao *objeto*, ou seja, às estruturas institucionais da sociedade.

5.2.1 Poder e a dualidade da estrutura: estratégias de controle por Giddens

A *teoria da estruturação*, de Anthony Giddens, situa-se, grosso modo, entre a concepção normativa de Parsons e a etnometodologia de Garfinkel – sei que você não precisa saber disso, mas meu lado purista acadêmico simplesmente me impede de não dizê-lo. A superação do citado dualismo dá-se mediante o foco nas *práticas sociais*:

> Quis dar ênfase ao fluxo dinâmico da vida social. Não devemos ver a vida social simplesmente como a "sociedade", de um lado, e o produto do "indivíduo", de outro, e sim como uma série de atividades e práticas que exercemos e que ao mesmo tempo reproduzem instituições mais amplas. (...) Tomei a ideia de práticas sociais recorrentes como objeto central das ciências sociais, em vez de partir dos conceitos de "indivíduo" ou "sociedade" (GIDDENS, 2000, p. 61).[82]

Estrutura, para Giddens (1984, p. XXXV),[83] é o "conjunto de regras e recursos implicados, de modo recursivo, na reprodução social". Assim, abarca (i) os elementos normativos, (ii) os códigos de significação, que dão sentido ao contexto organizacional e (iii) os recursos distribuídos no sistema social. Pensemos assim: portarias, instruções normativas, decretos, leis, regras informais estabelecidas e recursos materiais (computadores, infraestruturas das salas etc.) e incorpóreos (reputação de um departamento, rede de estabelecida de relacionamento etc.) constituem a estrutura de uma organização. É o substrato sobre o qual o elemento humano atua ou, de outro modo, é poder estabelecido, que tende a gozar de maior estabilidade, mas é, simultaneamente, suscetível a mudanças.

Desse lado, temos o estrutural-funcionalismo parsoniano, a sociologia de Durkheim e a abordagem sistêmica de Luhmann, em caráter não exaustivo, claro. Confesso que não inseriria este comentário em um primeiro momento. Mas, sei lá... em uma conversa, pode impressionar se você souber alguma coisa disso aqui. Vai saber...

[82] GIDDENS, A. *O sentido da modernidade*: conversas com Anthony Giddens. São Paulo: Fundação Getúlio Vargas, 2000.
[83] GIDDENS, A. *A Constituição da Sociedade*. São Paulo: Martins Fontes, 1984.

As relações de dependência mútuas entre agente e estrutura compõem o cerne da teoria de Giddens. O conceito de *dualidade da estrutura* é da seguinte maneira ilustrado:

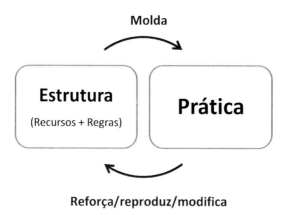

Eis o que leciona Giddens (1979):

> O conceito de estruturação envolve o de dualidade da estrutura, que se relaciona à característica fundamentalmente recursiva da vida social, e expressa a dependência mútua de estrutura e agência. Por dualidade da estrutura eu quero dizer que as propriedades estruturais dos sistemas sociais são tanto o meio quanto o resultado das práticas que constituem ambos os sistemas (GIDDENS, 1979, p. 69, tradução nossa).[84]

Yates (1997, p. 160)[85] esclarece a relação recursiva entre pessoas e estruturas, proposta por Giddens, através da realidade das organizações. Para essa autora, o organograma de uma empresa, por exemplo, não representa uma estrutura organizacional de existência independente. A estrutura teria sua existência condicionada pela ação dos indivíduos, que, ao atuarem, reforçam e reproduzem a estrutura ou, ainda, a modificam.

---

[84] GIDDENS, A. *Central problems in social theory*: action, structure and contradiction in social analysis. Berkeley, Los Angeles: University of California Press, 1979.
[85] YATES, J. Using Giddens' Structuration Theory to Inform Business History. *Business and Economic History*, v. 26, n. 1, p. 159-183, 1997.

Essa nova abordagem do binômio agente-estrutura pressupõe um envolvimento das propriedades estruturais na produção e reprodução da ação. Há, ao mesmo tempo, uma dependência e uma implicação mútua entre ação e estrutura (BERNSTEIN, 1994;[86] COHEN, 1996),[87] o que não acarreta, necessariamente, o determinismo das práticas. Yates (1997), nesse contexto, sublinha que os atores organizacionais sempre dispõem de "poder no sentido de capacidade transformativa" e, ao agirem em dissonância com a estrutura, podem suscitar a mudança.

> Uma pessoa pode agir diferentemente sem iniciar uma mudança na organização ou instituição, se os outros continuarem a agir no padrão antigo. Se uma pessoa age de modo distinto e se este modo singular de agir se tornar institucionalizado como um padrão mais amplo [...] o novo padrão a estrutura operacional – ou seja, a estrutura foi alterada (YATES, 1997, p. 161).

Se, até agora, a teoria da estruturação soou simplesmente muito teórica para você, caro(a) empreendedor(a), muita calma nessa hora. Veja que o (nosso) sonho, como agentes de inovação, é, muitas vezes, *promover alterações na estrutura organizacional, institucionalizando-se padrões inéditos*. O "pulo do gato", ignorado no excerto de Yates (1997), é como fazer com que um "modo singular de agir" consiga se tornar um "padrão mais amplo" institucionalizado.

Segundo Wheeler-Brooks (2009),[88] a leitura que Giddens faz da sociedade e da estrutura organizacional como entes não estáticos, criados e mantidos pelas práticas sociais dá margem a duas importantes perguntas:

- Quão ciente é um indivíduo a respeito do fato de que as estruturas e os arranjos sociais influenciam sua consciência e seu comportamento?
- Em que nível um indivíduo é conhecedor do modo pelo qual suas atividades diárias criam e recriam estruturas sociais?

---

[86] BERNSTEIN, R. J. Social Theory as Critique. *In*: HELD, D.; THOMPSON, J. (Eds.). *Social theory of modern societies*: Anthony Giddens and his critics. Cambridge: Cambridge University Press, 1994.

[87] COHEN, I. J. Teoria da estruturação e práxis social. *In*: GIDDENS, A.; TURNER (Orgs.). *Teoria Social Hoje*. São Paulo: UNESP, 1996. p. 393-446.

[88] WHEELER-BROOKS, J. Structuration Theory and Critical Consciousness: Potential Applications for Social Work Practice. *Journal of Sociology & Social Welfare*, v. XXXVI, n. 1, 2009.

A resposta às duas questões acima inicia-se pela percepção de Giddens sobre o caráter permanente de construção das práticas sociais, visto que, para esse autor, "as atividades sociais humanas são recursivas, ou seja, elas não são criadas pelos atores sociais, mas são continuamente recriadas por eles" (PECI, 2003, p. 30).[89] Nessa ótica, O'Dwyer e Mattos (2006, p. 614)[90] identificam como conceito fundamental da teoria da estruturação – visto ser capaz de embasar as ações humanas – o de *rotinização*:

> A rotina (tudo que é feito habitualmente) constitui um elemento básico da atividade social cotidiana [...]. A natureza repetitiva de atividades empreendidas de maneira idêntica dia após dia é a base material do que eu chamo de "caráter recursivo" da vida social. [...] A rotinização é vital para os mecanismos psicológicos por meio dos quais um senso de confiança ou segurança ontológica é sustentado nas atividades cotidianas da vida social. Contida primordialmente na consciência prática, a rotina introduz uma cunha entre o conteúdo potencialmente explosivo do inconsciente e a monitoração reflexiva da ação que os agentes exigem (GIDDENS, 1984, p. XXV).

Eis que, na visão de Giddens, as práticas organizacionais são procedimentos executados pelos agentes – muitas vezes de forma rotinizada – valendo-se de regras e de recursos (estrutura). A *estrutura*, por sua vez, insurge como um *somatório de vetores que dão base de poder para que um indivíduo influencie a interação com os demais agentes*. Afinal, as regras tendem a favorecer uns em detrimentos de outros; a distribuição de recursos, analogamente, tende a ser assimétrica. A estrutura, assim, é, ao mesmo tempo, restritiva e facilitadora, a depender dos interesses e do posicionamento do agente na organização.

Ao empreendedor que visa a que novas práticas modifiquem a estrutura vigente, o exposto aqui é, sincronicamente, óbvio e libertador. "O óbvio é a verdade mais difícil de se enxergar", já alertava Clarice Lispector. *Quão bem você consegue diagnosticar o modo como se dá o entrelaçamento de regras e de recursos em seu ambiente organizacional?* Para Cohen (1996, p. 433), esse entrelaçamento

---

[89] PECI, A. Estrutura e ação nas organizações: algumas perspectivas sociológicas. *RAE*, v. 43, n. 1, p. 24-35, 2003.
[90] O'DWYER, G.; MATTOS, R. A. Teoria da Estruturação de Giddens e os estudos de práticas avaliativas. *Physis: Revista de Saúde Coletiva*, v. 20, n. 2, p. 609-623, 2010.

resulta no conceito giddensiano de *estratégias de controle*: "Os modos pelos quais os agentes aplicam seu conhecimento a respeito da manipulação dos recursos a que têm acesso para reproduzir a sua autonomia estratégica relativamente às ações dos outros".

A *autonomia estratégica* – adorei essa expressão – é o cerne do buscado pelo agente de inovação. Um bom diagnóstico e um bom posicionamento são remédios milagrosos ao intraempreendedor. *"Venda sonhos, e não produtos"* – tal era uma das linhas mestras de Steve Jobs, fundador da Apple. As ideias criativas devem se amoldar à estrutura vigente e, após implementadas, haverá a alteração dessa estrutura.

Exemplifico: a criação da Central de Compras da Câmara dos Deputados, por exemplo, seguiu essa receita. Venderam-se ideias aos *stakeholders* que seriam os potenciais patrocinadores da empreitada: teríamos um processo de compras otimizado, poderíamos atender melhor a atividade parlamentar, haveria menos contratações emergenciais, e um plano anual de aquisições seria implementado. Era um sonho. "Sonho que se vive sozinho é apenas um sonho. Quando se sonha juntos, é o começo da realidade." Miguel de Cervantes tem plena razão. Conheça sua estrutura, crie sonhos possíveis e aplique esse conhecimento acerca de eventual manipulação de regras e recursos no envolvimento dos patrocinadores. A agência, enquanto nível microssociológico inovador, costumeiramente joga na regra do *status quo* vigente no início. A alteração estrutural dá-se, no caso de êxito, em segundo momento,[91] passando a reger um número maior de indivíduos. Eis a dualidade estrutural na prática.

5.2.2 Um campo de força e um campo de luta: a visão política de Bourdieu

Já disse aqui que sou fã de Weber. Gosto, confesso, de assumir esta posição em público, como se para resgatar injustiça feita ao pai

---

[91] Bom, obviamente há aquelas super hiper mega ultrainovações que alteram, desde o nascedouro, todo o *status quo*. São revoluções. Algo, convenhamos, muitíssimo raro de vir a ocorrer, especialmente se considerarmos as amarras culturais do setor público brasileiro.

da sociologia. Afinal, a organização burocrática é incompreendida por 99% dos que criticam a burocracia... #prontofalei. Minha reverência por Bourdieu, agora percebo, é ainda maior. Os motivos são variados. O primeiro deles é porque fui obrigado a estudar sua obra por praticamente dez anos, durante o mestrado e doutorado. Demorei quase que todo esse período para compreender, com relativa profundidade, a chamada teoria da ação prática (por ele concebida, é claro), dada as complexidades conceituais envolvidas e a densíssima linguagem empregada pelo sociólogo francês.[92] E, quando completamos com êxito caminho tão árduo, vemos o quanto crescemos no processo. Então, sou notoriamente grato a Bourdieu.

Outro motivo é que o ferramental apresentado por Bourdieu se prova simplesmente prodigioso. Eleva a outro patamar a capacidade de interpretar os diversos nichos sociais de nossas vidas – inclusive as organizações. Mescla, em uma única teoria, três conceitos centrais a todo pensamento das ciências sociais: *cultura* (*habitus*), *poder* (capital) e *estrutura* (campo). Combina esses três elementos e dá vida a conceitos outros, tais como senso de jogo (*ludus*), interesses (*illusio*), estratégia e conflito. Um verdadeiro espetáculo, o qual tentarei apresentar a partir de agora.

Uma organização, para Bourdieu (2009), pode ser vista como um campo. Trata-se de uma arena de conflito estruturada. É nessa arena que as ações individuais – moldadas, até certo ponto, pela cultura dos agentes e de seus grupos – são conectadas à estrutura de distribuição de poder interna. Um campo possui um conjunto de regras próprias a ele, que o distingue dos demais: as regras (explícitas e tácitas) de uma organização jamais são idênticas às de outra. Assim, o indivíduo que acaba de ingressar em uma organização – ou o que permanece alienado, com visão estanque e apartada –, por exemplo, desconhece a completude de suas regras. É, desse modo, desprovido do *senso de jogo*, por ignorar as múltiplas formas de expressão de poder, em seus diversos tipos ou combinações.

---

[92] Os desenvolvimentos teóricos de Bourdieu são tão ricos e complexos que a incompreensão é quase generalizada. Tamanha é essa verdade que, em 2003, sob a organização de Pierre Encrevé e Rose-Marie Lagrave, foi lançada a obra *Trabalhar com Bourdieu* (*Travailler avec Bourdieu*, no original), uma compilação de artigos de discípulos do sociólogo francês que têm o papel de, em certo enfoque, prover caráter mais didático e acessível ao seu legado.

Relações de poder, afirma Bourdieu (1986; 2001a; 2001b; 2009),[93] constituem elemento central à estruturação e ao funcionamento do mundo social. Para esse autor, a distribuição histórica acumulada de formas de poder em determinada sociedade – ou em uma organização – rege seu funcionamento, promovendo capacidades de influência e de sucesso de maneira desigual e que guardam inércia temporal. E vamos de Bourdieu e de seu conceito de *capital*:

> O mundo social é história acumulada e, se não é para ser reduzido a uma série descontínua de equilíbrio mecânico instantâneo entre agentes que são tratados como partículas intercambiáveis, é preciso reintroduzir nele a noção de capital e com ela, acumulação e todos os seus efeitos. Capital é trabalho acumulado (em sua forma materializada ou "incorporada", incutida) que, quando apropriada em uma base privativa, ou seja, exclusiva, por agentes ou grupos de agentes, suscita a eles fazer uso de energia social na forma de trabalho vivo ou reificado. É uma *vis insita*, uma força inscrita em estruturas objetivas ou subjetivas, mas é também uma *lex insita*, um princípio sob as regularidades imanentes do mundo social. É o que faz os jogos da sociedade [...] outra coisa que não simples jogos de chances, oferecendo, a cada momento, a possibilidade de um milagre (BOURDIEU, 1986, p. 46).

Bem que eu avisei que não era uma leitura *light*...

Antes de fazer uma síntese mais clara do ora exposto, apresentam-se os tipos de capital, segundo Bourdieu, quais sejam: *econômico, cultural* e *social*.[94]

Capital econômico consiste em diferentes fatores de produção (terras, fábricas, trabalho) e no conjunto de bens econômicos (dinheiro, patrimônio, bens materiais). *Capital cultural*, por sua vez, pode existir em três estados: (i) incorporado, na forma de disposições duráveis cognitivas, como domínio da língua culta, gostos, competências; (ii) objetivado, na forma de acumulação de bens

---

[93] BOURDIEU, P. The forms of capital. *In*: RICHARDSON, J. *Handbook of theory and research for the sociology of education*. NY: Greenwood Press, 1986.
BOURDIEU, P. *Meditações pascalianas*. Rio de Janeiro: Bertrand Brasil, 2001a.
BOURDIEU, P. *O poder simbólico*. 4. ed. Rio de Janeiro: Bertrand Brasil, 2001b.
BOURDIEU, P. *O senso prático*. Petrópolis: Editora Vozes, 2009.
[94] Na apresentação dos tipos de capital, utilizou-se como base o texto de BONAMINO, A.; ALVES, F.; FRANCO, C.; CAZELLI, S. Os efeitos das diferentes formas de capital no desempenho escolar: um estudo à luz de Bourdieu e Coleman. *Revista Brasileira de Educação*, v. 15, n. 45, p. 487-499, 2010.

culturais (livros, pinturas, esculturas etc.), carecendo-se de capital cultural incorporado para que esses bens sejam adequadamente interpretados e decifrados, e (iii) institucionalizado, na forma de diplomas, certificações e títulos acadêmicos. Já o *capital social* é integrado pela rede de relações sociais do indivíduo e pela quantidade de recursos dos componentes dessa rede. Trata-se da "agregação de recursos atuais ou potenciais que têm ligação estreita com uma rede durável de relações institucionalizadas de reconhecimento e de inter-reconhecimento mútuo" (BOURDIEU, 1980, p. 2).[95]

Presente no ideário bourdieusiano, o conceito de *capital simbólico* não constitui uma categoria de poder distinta das demais, mas, sim, uma substância que confere legitimidade ao exercício dos demais tipos de capital. Identifica-se capital simbólico quando há um compartilhamento, um reconhecimento do tipo de capital (econômico, cultural ou social) como relevante no campo onde acontece o jogo. Ilustro: em uma organização em que inexista a cultura de distinção e de valorização de seus membros de acordo com a titulação acadêmica, o capital cultural ancorado em um diploma de doutorado não será exercido.

Vamos lá. Em uma organização, conforme preconiza a ótica bourdieusiana, há distintas formas de poder (capital) distribuídas entre seus membros (em nível micro) e entre setores específicos (em nível meso). A organização é vista, assim, como um espaço estruturado de poder (um campo). A estrutura desse campo é determinada pelo volume e por tipos de capital inerentes às diversas posições na organização, suscitando o constrangimento de agentes ("campo de forças") e/ou a dinâmica entre suas posições ("campo de lutas") (BOURDIEU, 2009).

A inovação vem, como regra, a alterar o *status quo*. Por mais que seja uma inovação eminentemente técnica, acarreta alterações no "campo de forças" do campo organizacional. Quem dominava a prática antiga perde poder em relação a quem já domina a nova rotina. Se a inovação se der em relação a um organograma ou à criação de determinado artefato de governança que passe a exigir, de forma

---

[95] BOURDIEU, P. Le capital social: notes provisoires. *Actes de la recherche in sciences sociales*, n. 31, 1980.

generalizada, comportamento específico dos envolvidos (por exemplo, a implantação, da gestão de riscos ou de programas de *kaizen*), a necessidade de reordenação do campo de forças é ainda mais manifesta. Para os mais atentos, o triunfo de um empreendedor pode ser visto como diretamente condicionado ao quão bem a *inovação proposta* consegue lidar com a distribuição de capital vigente. E, não sejamos ingênuos, esse triunfo também se condiciona ao quão bem o *modo de se propor a inovação* é concebido. Desse modo, três elementos vivem em dinâmica permanente, a saber: (i) o *habitus*, ou seja, os traços culturais imanentes ao indivíduo – tanto o empreendedor quanto os demais, sobre os quais incide a inovação –, edificados ao longo de sua vida e que orientam sua conduta sob a forma de esquemas de percepção, de pensamento e de ação;[96] (ii) o *campo*, uma arena de conflito estruturada, com regras próprias de jogo, e (iii) o *capital*, referindo-se ao arranjo de poder, em determinado momento, nesse campo.

A internalização do senso de jogo, pelo empreendedor, possibilita a criação de estratégias para a consecução de determinados interesses. As estratégias são formadas considerando-se os singulares esquemas de interpretação, do modo de ver o mundo desse empreendedor – o *habitus*. E essas mesmas estratégias só serão capitaneadas com sucesso caso se amoldem ou consigam transfigurar a distribuição de capital interna à organização. Nessa última hipótese, inevitável o *conflito*. E é justamente na compreensão dos mecanismos do conflito, conjeturo, que a teoria da ação prática ostenta o auge de seu aspecto elucidativo.

É o que veremos a seguir.

5.3 Conflito organizacional e a redistribuição de poder

O poder carece de legitimação. Para Misoczky (2003, p. 15), "nenhum poder pode satisfazer-se simplesmente com existir

---

[96] Hofstede (2003) simplifica as coisas um pouco mais que Bourdieu. Para aquele, cultura é a programação mental do indivíduo, uma espécie de *software* da mente, e que se aproxima da noção bourdieusiana de *habitus*. Assim, em visão *en passant*, *habitus* é cultura.

enquanto poder, isto é, como força bruta inteiramente despida de justificação, é preciso justificar a sua existência ou, pelo menos, assegurar que a sua natureza arbitrária não seja reconhecida". A reprodução das bases legítimas de dominação dá-se em determinado campo, com regras de jogo específicas e delimitadas no tempo. A manutenção do *status quo* é realizada quando os agentes se esforçam em aumentar ou conservar o seu poder, em conformidade com as regras tácitas desse jogo.[97]

Como vimos e conforme leciona Bourdieu (1996, p. 50), uma organização pode ser remetida tanto a um campo de forças, com regras que se impõem a seus participantes, quanto a um campo de lutas, "no interior do qual os agentes se enfrentam, com meios e fins diferenciados conforme sua posição na estrutura [...] contribuindo assim para a conservação ou transformação da estrutura". E essa concepção vem a desnudar muito da parte do *iceberg* que fica imerso, imperceptível. A verdade liberta, caro(a) amigo(a).

Valendo-me do arcabouço da teoria da ação prática, ilustro a seguir, com base em Hurtado (2010),[98] a dinâmica do confronto entre o empreendedor intraorganizacional, agente de inovação por excelência, e o estamento que se esforça na manutenção do *status quo*. Antes, contudo, esclareço que há uma premissa subjacente ao modelo abaixo, tenho que reconhecer: *a inovação proposta, objeto dos esforços do empreendedor, vem a romper com a ordem dominante*. É um recorte proposital, de maior instrumentalidade, e que se adéqua sobremaneira ao intraempreendorismo público.

---

[97] Percebeu a profundidade da colocação de Misoczky (2003)? A fim de se evitar o reconhecimento do poder como arbitrário, uma das estratégias seria a própria cúpula alterar as regras do jogo do campo. Isso é mais comum do que gostaríamos de admitir. É o caso, por exemplo, do indivíduo que, como forma de capitalizar mais poder, determina que todo aporte orçamentário seja autorizado previamente por ele ou que toda indicação de servidores para curso passe pelo seu crivo. Para tanto, edita norma (uma portaria interna, uma circular) que, maquiada dos princípios mais nobres de impessoalidade e eficiência, legitima essa prática. A história do autoritarismo é vasta em exemplos assim.

[98] HURTADO, P. S. Assessing the use of Bourdieu's key concepts in the strategy-as-practice field. *Competitiveness Review: An International Business Journal*, v. 20, n. 1, p. 52-61, 2010.

Vejamos:

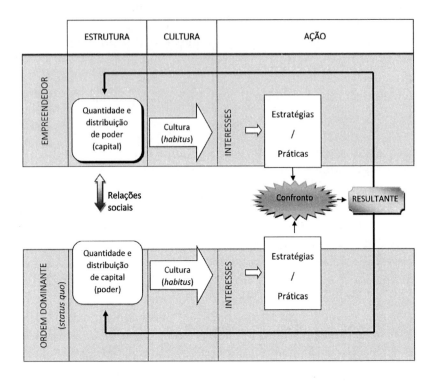

Por *ordem dominante*, refiro-me aos pormenores culturais e políticos institucionalizados e que gozam de maior perenidade e de inércia. Essa ordem dominante culmina em determinado *status quo*, que serve aos interesses de alguns setores na organização e que contraria os interesses de outros, naturalmente. Quase sempre, esse *status quo*, essa ordem dominante, é bastante conveniente à cúpula organizacional. Contudo, há suas incontestáveis exceções: mudanças promovidas em fluxo *top-down* podem, eventualmente, esbarrar em uma cultura que resiste em aceitá-la e em legitimá-la. Nessa hipótese, mesmo com o empreendedor sendo membro da cúpula, a inovação continua a ser confrontada com o *status* (cultural) vigente.

Cada organização é, na teoria de Bourdieu, composta por um conjunto de relações históricas ancoradas em formas de poder, nas quais os que gozam de autoridade e da prerrogativa de influência "trabalham, constantemente para se diferenciar dos seus rivais mais próximos, para reduzir a competição e estabelecer um monopólio sobre um subsetor particular do campo" (MISOCZKY, 2003; BOURDIEU; WACQUANT, 1992). Empreendedores situados na cúpula organizacional, nessa lógica, tendem a propor inovações que, se não reforçam suas posições políticas, ao menos não a enfraquecem. Sim, prezado(a) leitor(a), não existe bobinho nesse jogo.

No entanto, em medida diversa, a inovação pode vir a alterar as regras imanentes do jogo, parcial ou completamente, de um jeito que vá de encontro à acumulação almejada pelos detentores do poder. Nessa seara, as almejadas práticas inéditas têm como fonte não a própria cúpula, mas (i) níveis hierárquicos inferiores, (ii) facções "rivais" a essa cúpula e/ou (iii) órgãos regulamentadores ou moderadores externos – tais como o Tribunal de Contas da União –, que passam a recomendar a adoção de procedimentos otimizados.[99]

Segundo Hurtado (2010), as condições da estrutura dos atores organizacionais, associados em grupos ou não, podem ser vistas com base na quantidade e na distribuição de capital, em determinado momento histórico específico. É o tal do campo de forças, já citado aqui. Agindo de acordo com seus esquemas próprios de percepção, alicerçados em predisposições que moldam suas culturas, tanto o empreendedor quanto os representantes da ordem dominante engendram estratégias e práticas como forma de fazerem valer seus interesses. Dessa dinâmica, não raramente, nasce o conflito, cujas resultantes podem alterar – ou apenas reafirmar – a distribuição de capital previamente instituída.

O embate resultante insurge, em ambientes dito civilizados, na forma de discursos antagônicos que tentam legitimar seus vetores. É nesse contexto microssociológico que se instauram as tentativas de rompimento com as bases vigentes de dominação. E é aqui que se instaura o conflito.

Ao intraempreendedor público que peleja no incremento da governança, essa dinâmica se aplica como uma luva. Correntemente, esse empreendedor governamental labuta na implementação de artefatos, tais como planos (estratégicos, táticos, anuais de compras, de capacitação, de execução físico-financeira,

---

[99] Mesmo nesse último caso, a recomendação externa deve ser recepcionada por um agente empreendedor interno, sob o risco de não ser implementada de forma satisfatória.

de estruturação interna, de gestão de riscos etc.), na alteração legal ou infralegal, ou, ainda, na potencialização do diálogo e do modo de se relacionar com o mercado e com a sociedade civil. Todas essas frentes vêm a ser elementos transformadores das regras do jogo do campo organizacional. Alteram papéis, retiram arbitrariedades e estatuem novos roteiros. Vêm esteadas em comandos jurisprudenciais ou em princípios de administração pública, inevitavelmente. No entanto, sua institucionalização esbarra na mudança das bases de dominação. O resultado é a adoção de discursos antagônicos, cada qual legitimando suas práticas e deslegitimando as do outro grupo.

Se o esquema apresentado parece, em perspectiva superficial, uma simplória abstração, pouco customizável às nuances do mundo real, alerto: não é bem por aí. Afinal, *há mais coisas entre o céu e a terra do que sonha nossa vã filosofia*, como bem conclui Hamlet a Horácio, na popular peça de Shakespeare.

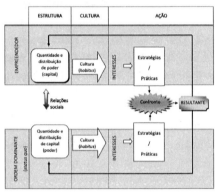

A situação mais crítica, espelhada no modelo, ocorre quando o empreendedor possui significativamente menos poder do que a ordem dominante. Nesse caso, o conflito tende a, simplesmente, reforçar a desigual distribuição de capital. O fracasso é iminente. Há duas linhas de ação possíveis para mitigar o risco e que podem ser aplicadas concomitantemente: buscar mais poder (especialmente mediante a elevação de capital social) antes de ingressar no conflito e/ou primar por inovações incrementais, norteadas por interesses e práticas menos disruptivos com relação ao *status quo*.

O capital intelectual, materializado no tecnicismo da inovação proposta, é igualmente importante nessa situação. Em um cenário limite, uma argumentação técnica e perfeita que dê base ao empreendimento constrangerá a ordem dominante a acatá-la ou a "chutar o balde", revelando que a resistência se baseia em interesse outro que não o público.

Importante salientar, por fim, que as estratégias e as práticas de resistência à inovação, exercidas para fins de manutenção do *status quo*, são desenvolvidas a partir da cultura da ordem dominante. Ao entender essa cultura, o empreendedor dá um lance no jogo de xadrez, passando a antecipar as possíveis reações contrárias à inovação. Essa antecipação aumenta as chances de o conflito culminar na almejada redistribuição do poder.

5.4 Entropia social, caos e institucionalismo

Passo a gozar, agora, de maior fluidez neste capítulo. Tendo concluído minha abordagem sobre Bourdieu e Giddens, sinto que as maiores adversidades teóricas foram superadas. De agora em diante, de volta à literatura de aeroporto!

No ambiente organizacional, muita energia é gasta na compreensão e na consecução da *ordem*: estudamos a estrutura, os modos mais racionais de se estabelecerem os sistemas de autoridade e de responsabilidade e a melhoria da comunicação interna. A burocracia weberiana, símbolo máximo da organização pública, é a concretização teórica da ordem. Gestão de projetos e processos, *kaizen*, *just in time*, Seis Sigma... todas técnicas que visam à conformação racional das tarefas, em arranjo aprimorado. Dedicamo-nos tanto ao estudo da ordem que nos esquecemos, justamente, do *caos*.

Filosoficamente, ordem e caos coexistem como opostos dependentes, em típica relação Yin Yang. Ater-se a um sem tomar plena ciência do outro é tomar visão fragmentada do todo. Mas, convenhamos, ninguém quer admitir que o caos se faz presente todos os dias, em todos os momentos, nas organizações. Pega meio mal. Dá uma sensação de impotência, como se estivéssemos no meio de um tornado. *O que os olhos não veem, o coração não sente*, é a sabedoria popular. Juntemos o caos aos assuntos intocáveis e bora varrer tudo para debaixo do tapete. É o que fazemos. E sabe de uma coisa? Grosso modo, os principais autores das teorias administrativas fazem a mesma coisa, há mais de um século. Ah, justiça seja feita: exceção é o conceito de *anomia*, cunhado pelo sociólogo Émile Durkheim, que alude à desintegração de normas sociais, em fenômeno que vem à baila no Estado moderno.

Para um bom gestor, importa saber da racionalidade – positivistas que somos –, mas não da irracionalidade – há um ligeiro tom de sarcasmo aqui. Importa saber da satisfatória disposição e da maximização da *performance* das tarefas, da evolução do organograma, da minimização dos embates nas relações humanas, da tecnologia. O bom gestor não se cansa, ainda, em transformar um cenário naturalmente multifacetado, complexo, subjetivo e anárquico em elementares esquemas gráficos de dois eixos, gloriosamente apresentados em PowerPoint. *Fazemos matrizes de riscos, supercoloridas, como materializações da gestão do caos.* O mundo cartesiano nos faz bem, poderíamos dizer.

Sabe de uma coisa? Há certa coerência nesse "bom gestor" – sim, entre aspas. Não existe um modo minimamente acurado de se medir o caos nas organizações. E, afinal, se não podemos administrar o que não conseguimos medir – eis o que nos ensina nosso guru Peter Drucker –, o caos deve ser visto como uma barata: ou fugimos dela, ou corremos para matá-la tão logo a avistemos. Bom, vou desligar o sarcasmo agora: essa postura, sublinho, é um enorme equívoco. Ignorar o caos é desconsiderar a natureza das coisas, conforme veremos a seguir.

O conceito de *entropia* é central à chamada segunda lei da termodinâmica. Intimamente relacionado ao conceito de caos, refere-se ao grau de desorganização de um sistema físico. Abstendo-me de ingressar nessa árida disciplina, limito-me a dizer que a entropia de um sistema isolado jamais decresce. Em processos ditos *reversíveis* – que podem ser revertidos, restaurando-se o sistema e sua vizinhança às formas originais –, a variação de entropia é nula. Já nos irreversíveis – mais comuns – a entropia sempre aumenta.

Ao abrirmos um recipiente cheio de gás, esse gás se expandirá, aumentando a entropia do sistema. Um cubo de gelo, ao ser colocado em temperatura ambiente, derreterá, com suas moléculas passando de um arranjo mais ordenado e rígido a outro mais desordenado e fluido. Um copo de vidro que cai e quebra assume configuração em inúmeros estilhaços – sua entropia, da mesma forma, aumentou. Note que todos esses processos são espontâneos: eles naturalmente fluem nesse sentido. Afinal, não temos a menor expectativa de que os estilhaços do copo subam, por si só, à mesa e se unam no formato de um copo. Fato é que os processos nos quais a desordem do sistema aumenta tendem a ocorrer espontaneamente.

Em síntese: espontaneamente, a desorganização, a expansão, a multiplicidade de estados e a degeneração tendem a tomar lugar. Os pães emboloram, os ovos viram pintinhos – que viram galinhas –, as fragrâncias dos perfumes se difundem pelo ar. Há, ainda, a inexorabilidade do tempo, não devemos esquecer. Nós mesmos envelhecemos, com nossas células passando a assumir estados mais desregrados e descontrolados – este último caso é uma das maiores patologias da humanidade.

Parcela considerável dos processos que nos circundam é irreversível. Alguns outros, contudo, podem ser revertidos, desde que haja a presença de algum agente, de algum elemento externo que varie como condicionante. O gelo derretido pode ser recongelado, a depender da temperatura. Uma mola comprimida até certo limite retorna ao seu tamanho original quando se solta. Já um ovo cozido não retorna ao seu estado original. Uma pipoca não retorna ao seu estado de milho. Um fósforo utilizado perde, de forma definitiva, as propriedades inflamáveis do clorato de potássio em sua cabeça. O envelhecimento, malgrado a belíssima indústria de cremes antiidade, é irreversível.

As últimas páginas, constato, estão mais para "reflexões" do que para um "diário", como diz o título deste livro. Ciente da necessária correção de rumo, permito-me resgatar um pouco desse caráter de registro do cotidiano, ainda que em breve digressão.

Hoje é dia 2 de fevereiro, um sábado chuvoso de Carnaval. Fui treinar, pela manhã, na academia, sendo este o meu treino mais longo da semana.[100] O aumento do fluxo sanguíneo durante a atividade cardiovascular é responsável pela maior oxigenação do cérebro, dizem os especialistas. Há inúmeros modos pelos quais os exercícios físicos podem influenciar os processos cognitivos. E não precisa ser uma *performance* digna de Usain Bolt: as caminhadas já se prestam a isso.

---

[100] Não, não sou daqueles que fica postando seus treinos no Facebook ou Instagram. Nada contra, mas não é para mim. Estranhamente, de súbito admito uma vontade de fazê-lo aqui (!!)... meu treino foi de 21K (para 4'46'' de *pace*) + 30' de pedal + 1,5K natação. Sinto-me bem melhor agora, com esse compartilhamento mais do que público!

"Todos os pensamentos verdadeiramente brilhantes são concebidos em uma caminhada", dizia o filósofo Friedrich Nietzsche. Sem receio de me estender neste tópico um pouco mais – afinal, vai saber se inspiro alguém a mudar seus hábitos? –, permita-me, caro(a) leitor(a), arrazoar um pouco mais. Oppezzo e Schwartz (2014),[101] pesquisadores da Universidade de Stanford, realizaram estudo no qual comprovam a conexão entre as caminhadas e o incremento da criatividade (algo em torno de 60% de mais criatividade durante o exercício) e, mesmo após as caminhadas – por exemplo, quando os indivíduos já estavam novamente sentados em seus escritórios –, esse maior potencial criativo era perpetuado. Em termos históricos, gênios criativos como Beethoven, Charles Dickens, Goethe e Charles Darwin eram ávidos "andadores".

Mais recentemente, Steve Jobs (Apple), Mark Zuckerberg (Facebook), Richard Branson (Virgin) e Barack Obama adotaram as práticas dos *walking-meetings* ("reuniões-caminhadas"), trazendo nova visibilidade a essa prática. Nilofer Merchant, uma das consultoras de inovação de tecnologia de maior sucesso nos Estados Unidos, protagoniza no YouTube um curtíssimo vídeo[102] da série *TED Talk*, no qual traz estatísticas preocupantes: passamos cerca de 9,3 horas diárias sentados, com consequências problemáticas a nossas saúdes: câncer de mama, de cólon, doenças cardíacas, diabetes tipo 2 e por aí vai.[103]

Pois bem. Estava eu, assim, correndo na manhã de hoje. Pensava, lógico, sobre o trinômio entropia-espontaneidade-(ir)reversibilidade. Afinal, o que mais poderia habitar o meu pensamento? Via senhores e senhoras se exercitando, já em sua terceira – e melhor – idade, mesclados com os *crossfiteiros* do alto de seus vinte e poucos anos. E me ative, já com um viés menos físico-químico e mais filosófico, na irreversibilidade dos acontecimentos da vida. Refleti um pouco

---

[101] OPPEZZO, M.; SCHWARTZ, D. L. Give Your Ideas Some Legs: The Positive Effect of Walking on Creative Thinking. *Journal of Experimental Psychology*, v. 40, n. 4, p. 1.142-1.152, 2014.

[102] Disponível em: https://www.youtube.com/watch?v=iE9HMudybyc. Acesso em: 02 fev. 2019.

[103] Desconheço a prática dos *walking-meetings* no setor público brasileiro. Uma pena. O paradigma de relógio de ponto + mínimo de 8 horas diárias em frente ao computador + reuniões que poderiam ser *e-mails* domina as repartições governamentais. Estou seriamente pensando em inovar nesse sentido, já na próxima semana. Reuniões para poucas pessoas, sem que sejam necessárias muitas anotações. Sem risco de chuva, é claro! Sem sapatos de salto, penso... rs, rs, rs.

sobre os ciclos que, na realidade, não são ciclos, mas espirais que se alargam. Pensei um pouco em meu pai, levado de forma precoce pelo descontrole na multiplicação de células de seu trato gastrointestinal. Nos momentos que se esvaem, irrecuperáveis que são. Lembrei-me do trecho da música da Ana Vilela, tão precisa em retratar essa teimosia entrópica e unidirecional do tempo:

Segura teu filho no colo
Sorria e abrace teus pais enquanto estão aqui
Que a vida é trem-bala, parceiro
E a gente é só passageiro prestes a partir

"A vida seria infinitamente mais feliz se pudéssemos nascer aos 80 anos e gradualmente chegar aos 18." A frase de Mark Twain, inspiradora do incrível filme *O curioso caso de Benjamin Button*, incitou em mim rápido *insight*. As maiores experiência, ponderação, discernimento e natural desaceleração que ganhamos com a idade (contrapondo-se com o ímpeto e a pressa inerentes à juventude) talvez sejam as únicas exceções à regra da maior desorganização que preconiza a entropia. Talvez o excesso de oxigênio em meu cérebro estivesse desnaturando um conceito tão rico e distinto, considerei, com certo receio.

De toda forma, isso despertou em mim um senso de urgência com relação aos meus filhos. Eles nunca mais terão três e quatro anos. Acelerei a corrida para acabar antes e poder brincar com eles. A vida é trem-bala.[104]

Ainda que concernente à termodinâmica, o construto entropia é usualmente transposto aos estudos organizacionais como medida

---

[104] Aproveitando as letras miúdas de uma nota de rodapé, vou me conceder a irrestrita liberdade da divagação. A entropia, enquanto lei universal, abarcaria o próprio tempo. Como bem elucida o professor titular da faculdade de filosofia da USP, Mario Bruno Sproviero, o tempo é função do próprio tempo, aspecto já comprovado pelos físicos Bernhard e Karl Philbert. O próprio tempo, assim, se degrada, se dilui, não sendo linear e incólume à desordem. É um "deixar-de-ser sem aniquilar-se", mais do que um "vir-a-ser" progressivo, elucida o docente. Ah, a aplicação prática disso? Nenhuma, a não ser fortificar o nosso senso de urgência, é claro.

da desordem de um sistema social. Como vimos, a segunda lei da termodinâmica enuncia que, para sistemas fechados, a entropia sempre aumenta, seguindo-se uma direção preferencial e espontânea da natureza, revelada em incremento da desordem rumo ao caos. Ademais, à medida que o sistema passa a contemplar múltiplos arranjos possíveis, proporcionais à sua complexidade, cresce a sua entropia. A negentropia (entropia negativa) passa a ser possível em sistemas abertos,[105] mediante a atuação de elemento externo que sobreponha energia sob o prisma de ordenação.

Nada melhor do que recorrer a exemplos quando lidamos com algo tão insólito, certo? Um processo de compras ou de capacitação, por exemplo, pode ser considerado um sistema aberto. Ele troca recursos (recebe e emite) com o seu ambiente imediato. Molda e é moldado por ele. Naturalmente, ao longo do tempo, tende a se degradar, a deter vícios e a ser mais moroso, menos eficiente e efetivo. A minimização da entropia processual é conseguida mediante a atuação de um ou mais elementos organizadores externos. Um plano anual de compras ou de capacitação, a criação de grupos de trabalho para o aperfeiçoamento do rito ou, até mesmo, a reengenharia, realizada por equipe designada para tanto, se exitosas, afastam o caos e trazem de volta a devida estruturação almejada.

Em certa moderação, o exemplo acima é válido. Contudo, é destituído da intencionalidade política, visitada por nós neste capítulo. O alcance do caos é tido como decorrente de um fluxo natural, como um rio que, ao longo de seu curso, vê suas águas irem do remanso à turbulência, mecânica e involuntariamente. Não é o que ocorre, inquestionavelmente. E, justamente aqui, eu ergo uma hipótese: *existe muito do aspecto volitivo no caos organizacional*. A espontaneidade restringe-se ao surgimento de interesses pouco republicanos, que, com relativa facilidade, parecem contaminar as práticas cotidianas. O caos ainda é o reflexo do aumento de entropia, representativo de um estado de maior suscetibilidade ao desgaste, à corrupção, à desvirtuação. O que se identifica, contudo, é uma

---

[105] Em visão estrita, não existiria entropia negativa, mas, sim, uma redução da intensidade da entropia em si.

espécie de *estrutura do caos*[106] – algo surpreendentemente paradoxal – cultivada por um estamento que se nutre dele. "O caos é uma ordem por decifrar. O que eu aqui proponho é que investiguemos a ordem que há no caos. O que, no tempo de hoje, que em muitos aspectos nos apresenta como caótico, eu creio que pode ser encontrado" – disserta um sábio José Saramago. Vou além: não há apenas uma ordem no caos, mas uma ordem *institucionalizada*.

A teoria institucional[107] é responsável por oferecer uma visão alternativa à perspectiva racional que sugere que as mudanças organizacionais ocorrem periodicamente, no intuito de agregar melhor *performance* substantiva. Para aquela corrente, as organizações adaptam suas características internas às expectativas dos principais *stakeholders* em seu ambiente (ASHWORTH; BOYNE; DELBRIDGE, 2007).[108] A estruturação do caos, enquanto prática institucional corriqueira em organizações públicas brasileiras, remanesce interiorizada por seus atores, tornada legítima com o tempo. Os mais perspicazes poderiam concluir que esse é um traço cultural brasileiro com resquícios patrimonialistas, conforme vimos no capítulo 2. Praticamente uma realidade posta, que sempre foi assim e que se contrapõe a qualquer iniciativa empreendedora que se preze.

A quem interessa o caos estruturado na organização?[109] Essa é a pergunta a ser feita. Não se iluda: sempre há alguém se beneficiando dele. Inexiste tal coisa como vácuo de poder, já sabemos. Dentre os diversos favorecidos, identifico um em especial: *o pseudo-herói*. O caos é terreno fértil para o surgimento dessa

---

[106] A assim denominada "estrutura do caos" seria, em gênese, uma das resultantes da "governança da incompetência", abordada anteriormente.

[107] A própria aplicação da teoria institucional ao caos organizacional – ou à falta de governança, é a mesma coisa – é uma contradição teórica. As maiores perenidade e estabilidade alusivas às práticas ditas institucionalizadas seriam menos entrópicas, menos sujeitas à degradação, por assim dizer. Ainda assim, o que se vislumbra é um caminho de legitimação do desarranjo, da babel.

[108] ASHWORTH, R.; BOYNE, G.; DELBRIDGE, R. Escape from the Iron Cage? Organizational Change and Isomorphic Pressures in the Public Sector. *Journal of Public Administration Research and Theory*, v. 19, n. 1, p. 165-187, 2007.

[109] O caos socialmente estruturado e institucionalizado é especialmente benéfico, em visão histórica, às classes políticas, que perpetuam suas bases eleitorais com a promessa de que resolverão as mazelas da comunidade.

classe de indivíduos, que se valem da falsa imagem de que são luz na escuridão, mas que nada fazem (intencionalmente) para a alteração do *status quo*. Sabe aquele servidor que, mantendo-se convenientemente próximo ao dirigente máximo do órgão/entidade, aos 48 minutos do segundo tempo consegue aquela assinatura salvadora no processo – uma autorização de despesa, uma prorrogação ilegal e retroativa de um contrato já vencido, por exemplo – e que nada faz para que o processo não precise chegar aos 48 minutos do segundo tempo? É ele.

Bom, isso aqui não é um diário? Então, vou abrir o coração! *A esses pseudo-heróis, meu repúdio*. São covardes fantasiados de salvadores da pátria. Agentes entrópicos que sacrificam o interesse público em prol de seus... egos.

Ah, os egos! Impossível escrever sobre poder sem falar em egos e vaidades.

5.5 Das distorções do ego: vaidades e a busca pela felicidade – ou, se preferir, a síndrome de húbris

O que te faz feliz? Não, talvez não seja essa a provocação mais adequada. Essa pergunta – um clichê, na realidade – possui escopo amplo demais para este capítulo. As possíveis respostas poderiam estampar desde obras de autoajuda até os horóscopos populares. Encontrar um amor, comprar uma casa, viajar, ganhar na loteria, passar mais tempo com a família, superar um problema de saúde... todos propósitos autênticos e que constituem um denominador comum à grande parcela da humanidade. Vamos então, paulatinamente, refinar a pergunta. Uma hora chegaremos lá.

O que te faz feliz na organização em que você trabalha? Ou, de outro modo: *você é feliz em seu trabalho?* A resposta é totalmente pessoal. Varia de indivíduo para indivíduo, em função de suas personalidades e de seus valores culturais. De todo modo, ingredientes como salário, segurança, bom ambiente físico, relações sociais saudáveis, reconhecimento e *status* estariam entre os mais citados – Maslow e Herzberg já vasculharam esses elementos em suas teorias motivacionais. Diversas obras – da literatura de aeroporto, é claro – também. Nem Harvard escapou desse nicho.[110] Nada de muito novo aqui.

Então vou adiante, apenas calibrando a pergunta: *o que você busca em sua organização?* A psicóloga dinamarquesa Arlette Bentzen, *expert* em satisfação no trabalho, resume em dois elementos os traços capazes de suscitar felicidade em nossas ocupações: *resultados* e *relacionamentos*. "Se você vai ao trabalho e você sente que cria resultados que têm significado para você, dos quais você se orgulha e que fazem a diferença – isso é resultado. Se você vai ao trabalho com pessoas das quais você gosta, e eles gostam de você – isso é relacionamento" – conclui Bentzen.[111] Tudo perfeito para quem não está preso em uma autoarmadilha do ego.

Você busca poder e status em sua organização? Estamos chegando lá.

Gosto de um artigo publicado na *Harvard Business Review*,[112] por Rasmus Hougaard e Jacqueline Carter, sócios do *Potential Project*, uma empresa de treinamento global em liderança. Neles, os autores contam uma anedota de Cees 't Hart, CEO do *Carlsberg Group*, um conglomerado multinacional de cervejarias. Em seu primeiro dia como CEO, ele recebeu um cartão de seu assistente para uso no elevador da empresa. O cartão fazia com que o elevador fosse direto, sem paradas, à sua sala no vigésimo andar, que oferecia uma visão deslumbrante de Copenhagen. Esse andar, aliás, era destinado a um seleto e reduzido grupo de executivos de altíssimo escalão.

Como resultado, Cees, nos dois próximos meses, encontrava pouquíssima gente durante o dia. A interação com os empregados era reduzida. Estava em uma bolha. Percebendo a situação em que se encontrava, Cees decidiu mudar-se do luxuoso escritório no vigésimo andar para uma baia em uma planta aberta, em um andar mais baixo. "Se eu não encontrar pessoas, eu não vou saber o que elas pensam. E se eu não conseguir medir a pulsação da empresa, eu não vou poder liderar efetivamente", explicou o CEO.

---

[110] ACHOR, S. *O Jeito Harvard de Ser Feliz*: o curso mais concorrido de uma das melhores universidades do mundo. São Paulo: Saraiva, 2012.
[111] Disponível em: https://www.youtube.com/watch?v=ZIDppcZanZw. Acesso em: 05 mar. 2019.
[112] Disponível em: https://hbr.org/2018/11/ego-is-the-enemy-of-good-leadership. Acesso em: 05 mar. 2019.

Hougaard e Carter avaliam que esse é um bom exemplo de como um líder proativamente evitou o risco de insularidade que acompanha as posições mais elevadas nas organizações. Essa insularidade, esclarecem esses autores, é fomentada por um ciclo vicioso: quanto mais se ascende hierarquicamente, mais se goza de poder; e quanto maior o poder, mais as pessoas ao redor tendem a ouvir mais atentamente, a concordar mais, a rir das piadas (mesmo as destituídas de graça). Isso massageia o ego, que cresce. E a sensação de poder aumenta. Tudo bem se considerarmos isso um aspecto superficial e compreensível do comportamento político, mas não está nada bem se olharmos essa condição sob o prisma da ciência comportamental.

Síndrome de húbris:[113] essa é a denominação atribuída por Owen e Dawison (2009)[114] ao transtorno de personalidade referente a poder. A abordagem dos autores é inovadora por deter cunho neurocientífico, escapando do senso comum que vê essa arrogância como uma manifestação normal ao longo de um espectro de narcisismo, uma característica pouco atraente, mas compreensível dos que anseiam por poder.

> Acreditamos que o comportamento arrogante é uma síndrome, constituindo um conjunto de características ("sintomas") evocado por um gatilho específico (poder) e geralmente atenuando-se quando o poder desvanece. A "Síndrome de Húbris" é vista como uma condição adquirida e, portanto, diferente da maioria dos distúrbios de personalidade que são tradicionalmente vistos como persistentes durante toda a vida adulta. O conceito-chave é que a *Síndrome de Húbris é um distúrbio da posse de poder, particularmente o poder que foi associado com um sucesso esmagador, mantido por um período de anos e com o mínimo de restrições a seu detentor* (OWEN; DAVIDSON, 2009, p. 1397 – destaque deste autor).

Há significativa polêmica ao se associar o comportamento de presunção, demonstrado por alguns detentores de poder nas

---

[113] O vocábulo deriva de Hybris, a deusa grega da insolência e do orgulho imprudente. A equivalente na mitologia romana é o espírito chamado Petulantia. Aquele que incorre em húbris, na mitologia grega, acaba sendo castigado por Nêmesis, deusa da justiça e da ética.

[114] OWEN, D.; DAVIDSON, J. Hubris syndrome: An acquired personality desorder? A study of US Presidents and UK Prime Ministers over the last 100 years. *Brain*, v. 132, n. 5, p. 1.396-1.406, 2009.

organizações, a uma patologia clínica. Ainda assim, reconhece-se certo valor instrumental em tomar ciência de seus sintomas, delineando pano de fundo para se reconhecer os que incidem nessa embriaguez do poder. O artigo de Owen e Davidson (2009) lista quatorze sintomas, sugerindo-se que a síndrome de húbris estaria presente em quem demonstrasse três ou mais deles (sendo um deles, ao menos, os sintomas 5, 6, 10, 12 ou 13, da relação abaixo). São eles:

1. Propensão narcisista de ver seu mundo como uma arena para exercitar o poder e buscar a glória;
2. Predisposição para tomar ações que pareçam capazes de melhorar a sua imagem;
3. Preocupação desproporcional com imagem e apresentação pessoal;
4. Forma messiânica de falar sobre as atividades atuais e uma tendência à exaltação;
5. Identificação com a organização, na medida em quem o indivíduo considera suas perspectivas e interesses pessoais como idênticos aos organizacionais;
6. Tendência de falar na terceira pessoa, e usar o "nós" de forma majestosa;
7. Confiança excessiva no próprio julgamento e desprezo pelo conselho ou crítica dos outros;
8. Autoconfiança exagerada, beirando a sensação de onipotência, sobre aquilo que pessoalmente pode alcançar;
9. Crença de que, ao invés de prestar contas ao tribunal mundano ou à opinião pública, o tribunal ao qual responde é a própria história ou Deus;
10. Crença inabalável de que nesse tribunal ele(a) será desculpado e valorizado;
11. Perda de contato com a realidade, usualmente associada com progressivo isolamento;
12. Inquietação, imprudência e impulsividade;
13. Tendência a fazer uso de sua "ampla visão" sobre a retidão moral de determinado curso proposto, a fim de evitar a necessidade de considerar a praticidade, os custos ou os resultados;
14. Incompetência própria à presunção, na qual as coisas passam a ir mal em virtude da não preocupação com os meandros da política na organização (OWEN; DAVIDSON, 2009, p. 1.398).

A intoxicação pelo poder – realimentada, como vimos, pela *entourage* que circunda quem o detém e criadora de uma atmosfera de falsa admiração e de alienação – afeta as capacidades de julgamento e de tomada de decisão (CLAXTON; OWEN;

SADLER-SMITH, 2015).[115] O agente organizacional que apresenta esse desvio narcisístico – ou a síndrome de húbris, como preferir – tende a (i) confiar exageradamente em sua intuição, em detrimento de análises racionais a ele apresentadas; (ii) superestimar sua capacidade de solução de problemas; (iii) subestimar os recursos necessários e as incertezas em suas linhas de ação e, consequentemente, a (iv) apresentar altos apetites a risco (SHANE; STUART, 2002; LI; TANG, 2010).[116] O próprio empreendedor portador dessa síndrome apresenta chances superiores de fracasso, conforme analisam Hayward, Shepherd e Griffin (2006).[117] Nada muito diferente da história de Ícaro, na mitologia grega, morto pelo seu afã desmesurado de voar, com asas de cera, perto do sol.

Ao que se encontra "viciado em poder", a felicidade está na exacerbação do ego, no pecado da soberba. E isso pode acometer qualquer um, seja quem se opõe à inovação, seja um empreendedor de sucesso. A síndrome, como condição adquirida, é imparcial na escolha de seus portadores.

Na seara governamental, há uma especificidade a se considerar, como disse um amigo meu há poucos dias: *estamos em uma organização sem dono*. O dono é o próprio povo, eu sei, mas temos que concordar que "o povo" é algo bem mais abstrato do que uma pessoa específica. Essa intangibilidade do proprietário da organização pública dá margem à criação e à multiplicação de feudos, cada qual com seus pseudossenhores, que tendem a cultivar raízes para perpetuarem e alargarem seus *status*, agregando vassalos e elevando muros. O vácuo de poder resultante da opacidade da figura do dono é rapidamente ocupado por um sem-número de candidatos autoconfiantes. O problema é que há inegável sutileza entre autoconfiança e arrogância.

---

[115] CLAXTON, G.; OWEN, D.; SADLER-SMITH, E. Hubris in leadership: A peril of unbriled intuition? *Leadership*, v. 11, n. 1, p. 57-78, 2015.
[116] SHANE, S.; STUART, T. Organizational endowments and the performance of university start-ups. *Management Science*, v. 48, n. 1, p. 154-170, 2002.
LI, J.; TANG, Y. CEO hubris and risk taking in China: The moderating role of managerial discretion. *Academy of Management Journal*, v. 53, n. 1, p. 45-68, 2010.
[117] HAYWARD, M. L. A.; SHEPHERD, D. A.; GRIFFIN, D. A Hubris Theory of Entrepreneurship. *Management Science*, v. 52, n. 2, p. 160-172, 2006.

Após essa viagem no universo do poder, soa adequado retornar a Eric Liu – fiquei fã desse cara: "Todos os dias de sua vida, você se move por sistemas de poder que outras pessoas criaram. Você consegue senti-los? Você entende o poder? Você entende por que ele é importante?".

Sabe aquela pergunta sobre felicidade? Eu tenho uma teoria. A felicidade, em qualquer ambiente – inclusive o organizacional –, tem muito a ver com *liberdade e isonomia*. Liberdade de argumentarmos, de nos expressarmos, de navegarmos socialmente, sem que essa nossa liberdade cerceie a mesma liberdade de outrem. Isonomia de podermos ser tratados de forma justa, de acordo com nossas características, e de a nós serem ofertadas oportunidades, sem preconceitos. E celeiros de vaidades, egos inflados e síndromes de húbris vêm a se contrapor a essas duas coisas.

O que pode fazer o empreendedor público nesse palco? Como evitar a monopolização do poder em organizações,[118] mesmo que seja esse monopólio centrado em sua própria pessoa? Como zelar por um ambiente de inovação no qual a liberdade e a isonomia se fazem presentes?

Estava ansioso, confesso, para chegarmos até aqui.

Um primeiro passo, ao empreendedor, é tomar ciência das *três leis de poder*, lecionadas por Liu. São elas:[119]

(i) *o poder nunca é estático* – está sempre se acumulando ou se decompondo. Então, se você não está agindo, estão agindo sobre você. A inexistência do vácuo de poder, já mencionada neste capítulo, adéqua-se a essa lei;

(ii) *o poder é como água* – flui como uma corrente na vida cotidiana e existe a possibilidade de se imporem fluxos a essa corrente. Uma política organizacional é o direcionamento desse fluxo em uma direção específica. Formular uma política, então, é o esforço para congelar e perpetuar determinado fluxo de poder;

(iii) *o poder compõe* – poder gera mais poder, assim como o faz a impotência. O que impede a concentração exagerada de poder em apenas uma pessoa é, justamente, as leis (i) e (ii).

---

[118] Evitar a monopolização do poder é, em si, o próprio objetivo da democracia.
[119] Tomou-se como base https://www.ted.com/talks/eric_liu_how_to_understand_power?language=pt-br#t-223126. Acesso em: 10 mar. 2019.

O próximo passo é agir, expõe Eric Liu:

> Mapeie quem tem que tipo de poder, alocado em quais sistemas. Entenda por que as coisas ficaram dessa forma, quem as fez assim e quem quer mantê-las assim. Estude as estratégias que são usadas nessas situações [...]. Fale com uma voz autêntica. Organize suas ideias e, em seguida, organize outras pessoas. Pratique formação de consenso. Pratique conflito. Tal como a escrita, é tudo prática. Todos os dias você tem a oportunidade de praticar [...]. Defina objetivos e depois os aumente. Observe os padrões, veja o que funciona. Adapte-se, repita.

Isso, mais do que empreendedorismo, é *cidadania*. Pense um pouco nesse conceito. Acho bastante madura essa visão, central a um Estado de direito como o nosso. Ao se buscar a destruição criadora schumpeteriana, em processo organizacional democrático e participativo, a relação de agência é maximizada, e *a cidadania encontra seu lugar em nosso exercício profissional*. Sem prepotência, sem arrogância.

Estou cheio de sono. Final de um domingo de muito treino, de muito sol, de muito trabalho e de brincadeiras com meus filhos. Já com a vista um pouco cansada e o raciocínio mais lento, tento me aprofundar na conclusão acima: a inovação pública, perseguida por um empreendedor em rito organizacional aberto e dialogado, está de mãos dadas com o exercício da cidadania. Talvez pudesse eu forjar uma espécie de novo conceito: a *cidadania intraorganizacional pública*. Como último lampejo de discernimento no dia de hoje, conjeturo que o exercício do empreendedor público em prol da sustentabilidade, materializada nos Objetivos de Desenvolvimento Sustentável estabelecidos em Assembleia Geral das Nações Unidas, age como preditor ao alicerçamento da cidadania na sociedade.

Bom, o trinômio cidadania-empreendedorismo-inovação dá margem a abordarmos um assunto em franca ascensão: *os laboratórios de inovação*. Vamos ao próximo capítulo, mas, por ora, vou escovar os dentes do pequeno Matheus.

CAPÍTULO 6

THINK TANKS E LABORATÓRIOS DE INOVAÇÃO: O QUE É MODA E O QUE NÃO É – E O QUE MINTZBERG NOS ENSINA

Em uma era de pós-verdade, vemos a reprodução desenfreada de laboratórios de inovação no setor público brasileiro. Em algum momento, temos que nos perguntar sobre a efetividade desses arranjos, que correm um risco de serem um fim em si mesmo.

Laboratórios + Design Thinking + Design Sprint + Lego Serious Play + Canvas = #♥

É isso mesmo?

Vivemos na era da *pós-verdade*. Aliás, essa foi a palavra do ano de 2016, segundo a Universidade de Oxford. Trata-se de adjetivo que se relaciona ou denota circunstâncias nas quais fatos objetivos têm menos influência em moldar a opinião pública do que apelos à emoção e a crenças pessoais. Pós-verdade, nesse sentido, refere-se a um momento histórico em que a verdade já não é mais importante como fora: a relevância está na crença de que algo é verdadeiro, associada à predisposição de não verificarmos essa mesma veracidade.[120]

No Brasil, há um agravante ainda maior a essa tendência. Nossa cultura parece se dar muito bem com as *fake news*. A falta do

---

[120] Ao reler o último período do parágrafo, pareceu-me que pós-verdade poderia ser confundida como "fé" – crer que algo é verdadeiro, sem que verifiquemos os fatos. Nada disso. Em franca linguagem: pós-verdade é uma espécie de preguiça de se averiguarem os fatos, associada a uma coceira danada de disseminarmos esses boatos.

hábito de leitura insurge como uma das certeiras causas a essa crença no infundável.[121] O último levantamento do Retrato da Leitura no Brasil,[122] realizado pelo Instituto Pró-Livro, traz um panorama, no mínimo, preocupante: dentre os principais achados, cita-se que 30% dos entrevistados nunca compraram um livro; a falta de gosto pela leitura e a ausência de paciência e de concentração são evidenciadas como barreiras principais à prática, e apenas um entre quatro brasileiros domina plenamente as habilidades de leitura e escrita. Nada bom.

E vamos de mais dados. Pesquisa do Instituto Ipsos[123] realizada com mais de 19 mil entrevistados em 27 países, entre 22 e 26 de junho de 2018, revela que nosso país ocupa um "honroso" primeiro lugar no *ranking* de maior predisposição a acreditar em *fake news*:

> "Eu acreditei piamente que um novo fato era real até que eu descobri que era falso."

#	País	Acreditou	Não acreditou
	Total	48%	40%
1	Brazil	62%	29%
2	Saudi Arabia	58%	29%
3	South Korea	58%	29%
4	Peru	57%	35%
5	Spain	57%	29%
6	China	56%	34%
7	India	55%	37%
8	Poland	55%	33%
9	Sweden	55%	
10	Chile	54%	41%
11	Mexico	54%	43%
12	Argentina	51%	41%
13	Malaysia	50%	45%
14	South Africa	50%	46%
15	Russia	49%	35%
16	Canada	48%	39%
17	Serbia	48%	39%
18	Australia	46%	39%
19	US	46%	42%
20	Belgium	45%	39%
21	Germany	45%	38%
22	France	43%	40%
23	Hungary	35%	51%
24	Japan	34%	46%
25	Great Britain	33%	54%
26	Turkey	33%	53%
27	Italy	29%	52%

---

[121] Não sou muito afeto a neologismos, mas, convenhamos, "infundável" já poderia ser absorvido em definitivo pelo nosso verbete. Fica aqui o meu protesto.

[122] *Retrato da Leitura no Brasil*. 4. ed. 2016. Disponível em: http://prolivro.org.br/home/images/2016/Pesquisa_Retratos_da_Leitura_no_Brasil_-_2015.pdf. Acesso em: 16 abr. 2019.

[123] Disponível em: https://www.ipsos.com/sites/default/files/ct/news/documents/2018-08/fake_news-report.pdf. Acesso em: 05 abr. 2019.

O mesmo Instituto Ipsos, entre 28 de setembro e 19 de outubro de 2017, entrevistou 29,1 mil pessoas em 38 países, em um estudo intitulado *Perigos da percepção*. Uma vez mais, mandamos bem (*#sqn*): ficamos em segundo lugar com a menor noção da realidade social de nosso país, sendo superados tão somente pela África do Sul. Alguns exemplos: ao passo que os dados oficiais diziam – em 2017 – que 6,7% das adolescentes brasileiras engravidam, os entrevistados acharam que o percentual era de 48%; se 38% dos brasileiros têm, de fato, um *smartphone*, a percepção era a de que o percentual seria de 85%... e por aí vai.

Pouca leitura, propensão às *fake news* e reduzida noção da própria realidade. Some-se a isso uma propensão a se compartilharem fatos sem a verificação prévia de suas veracidades. Ingredientes que, nas mais diversas áreas de conhecimento, pavimentam um terreno fértil a modismos, inverdades e achismos. Alguns desses boatos são inofensivos, diga-se de passagem: atestam que o homem jamais foi à Lua, que Elvis Presley ainda está vivo, que a nova temporada de *Friends* será lançada na próxima estação. Há, contudo, um gênero peculiar e mais alarmante desses boatos que habita as ciências da saúde e que se estendem desde um "brócolis mata todos os tipos de câncer" até algo bastante danoso, como o absurdo (falso) de que vacina faz mal a crianças.[124]

Logicamente, a gestão organizacional não está imune ao binômio pós-verdade e *fake news*. O recorte aqui recai sobre os arranjos e as técnicas – ou tecnologias – administrativas, grosso modo. Uma miríade de artefatos e de estruturas, nas últimas décadas, é aclamada como o bálsamo salvador das corporações, inclusive das públicas: Seis Sigma, diagrama de Ishikawa, *kaizen*, 5W2H, BSC, Pareto, Matriz GUT, análise SWOT, *Scrum*; mais atualmente, gestão de riscos, *compliance*, programas de integridade, entre outros, que surgem a cada dia. Equipes em redes, departamentalização por processos, por projetos, por clientes, por produto, geográfica, matricial – esta, sempre congregada com escritórios de projetos. Avançamos, de fato, mas até que ponto?

---

[124] O Ministério da Saúde mantém uma página na internet para fins de esclarecimento à população acerca do que são e do que não são *fake news*. O endereço é: http://portalms.saude.gov.br/fakenews/. Acesso em: 21 abr. 2019.

Em especial, soam atraentes, ao intraempreendedor governamental, os chamados laboratórios de inovação, estruturas em franca reprodução no cenário público brasileiro corrente. Vêm casados, invariavelmente, com a tríade *Design Thinking*, *Design Sprint* e *Canvas*, ferramentas para a geração e visualização de ideias. Uma verdadeira tentação ao agente de inovação schumpeteriano, poderíamos dizer de supetão. Seus benefícios são bradados aos quatro ventos, e os seminários, as oficinas e os grupos de WhatsApp na temática se multiplicam. Ok...

Correndo o risco de ser um pouco estraga-prazer, indaga-se, justamente, *o que é joio, e o que é trigo nessa história?* Habitam esses laboratórios a morada da pós-verdade?

Um pequeno adendo: antes que me acusem de ser excessivamente crítico aos laboratórios de inovação e às suas típicas ferramentas revolucionárias, esclareço que, em 2018, fui o idealizador e o criador do Lab-Comp, o primeiro laboratório de inovação em compras públicas da América Latina, e, atualmente, estou idealizando, em conjunto com minha grande amiga Andrea Ache, o primeiro laboratório de inovação em normas de logística do mundo (ao que se tem conhecimento). Longe, pois, de ser avesso a essas estruturas, a reflexão que se aproxima se dá no sentido de *desmistificação* da ótica cartesiana.

O convite que faço agora, caro(a) leitor(a), é o de sair do lugar comum. De ingressar em abordagem construtiva sobre os laboratórios de inovação, técnica em sua essência. Busquemos a efetividade, é o que posso adiantar por ora.

Outro dia, fui pegar meus filhos na escola. Era uma terça-feira e nos aproximávamos do feriado da Semana Santa. Após perguntar como havia sido o dia deles, ingressei na seguinte conversa:

– Nina e Matheus, vocês sabiam que não vai haver aula na quinta e sexta-feira desta semana? – perguntei, enquanto dirigia.

– Sim, eu sei. É feriado – explicou uma entendida Catarina.

– Matheus, você sabe o que é feriado? – indaguei o pequeno.

– Sei, sim, papai. Feriado é quando o nariz da gente fica escorrendo – respondeu Matheus, em clara confusão de "feriado" com "resfriado".

– Não, Matheus! Isso é resfriado! – Catarina, uma vez mais, explicou. Fico realmente impressionado com o modo como ela se expressa conhecedora do mundo.
– Não, Nina! Todos os meus coleguinhas sabem que isso é resfriado – retrucou, irresignado, Matheus. E, afinal, era isso o que importava a ele.
– Matheus... feriado é quando é um dia de escola, mas a gente não vai para a escola – argumentou minha pequena.
– Então, Nina... toda vez que tem resfriado, eu não vou para a escola – concluiu, triunfante, Matheus. Não pude conter a risada nesse momento.
Talvez, nessa história de pós-verdade, haja, de fato, níveis de verdade.

6.1 Inovar é fácil. Difícil é manter-se inovando

Ok... reconheço. Possivelmente o título desta seção não faça pleno jus à realidade. Inovar não é tão fácil, já sabemos, mas, de toda sorte, perpetuar-se no caminho da inovação é bem mais complicado, por envolver, de antemão, a tentativa de se moldar a – e à – cultura organizacional.

Comecemos essa discussão desvelando um paradoxo. A cultura é formada, em seu núcleo duro, por valores e, em camadas mais externas, por práticas. A aderência da inovação aos valores culturais das organizações dá-se, usualmente, sem maiores problemas. Já essa mesma aderência às práticas não é, como regra, tão fluida e espontânea. Há barreiras reveladas nas mais diversas rotinas: em diálogos, em normas internas, em falta de patrocínio, em aversão ao risco. O que se vislumbra, pois, é uma relação não uniforme da inovação com as camadas da cultura. Aliás, isso é mais comum do que gostaríamos de admitir. Quantas organizações têm, por exemplo, a ética como valor cultural (incutido em dimensão não visível, tácita), mas que carecem dessa mesma ética nos comportamentos esposados?[125]

---

[125] Muito raramente deparei-me com literatura que embasasse supostos conflitos entre níveis de manifestações culturais – símbolos que se chocam com heróis ou rituais que se não condizem com discursos; em nosso caso, valores que não condizem com práticas.

Um dos principais dilemas no âmbito das organizações refere-se a como bem gerenciar suas culturas. Como resultantes de inúmeras abordagens, as respostas vão desde o sensacionalismo reducionista de se atribuir essa tarefa, de forma unilateral, ao líder-guru-monge-diretor-onipresente – quase uma entidade folclórica –, indo até elaborações mais complexas e merecedoras de extenso desenvolvimento – por vezes, de cunho intensivamente subjetivo. Por aqui, alinho-me a D'Iribarne (2009)[126] ao considerar a recursividade entre a cultura organizacional e suas práticas de gestão, sendo estas as manifestações da primeira e que, nesse papel, possibilitam o estudo e a formação da cultura. Em outras palavras, da mesma forma que o hábito faz o monge, as práticas esculpem a cultura – e são esculpidas por ela.

Determinada prática de gestão reproduzida invariavelmente ao longo do tempo é capaz de modelar e/ou reforçar traço da cultura da organização – eis o pilar teórico que sobressai. Trata-se, em síntese, do processo de institucionalização, legitimando-se e perenizando-se, no grupo, a estrutura de significados socialmente estabelecidos. Com esse panorama, ao intraempreendedor, cabe a pergunta: *como agir sobre a cultura organizacional de forma a garantir a inovatividade como prática de gestão institucionalizada?* Para bem responder a essa instigação, imprescindível é a compreensão do conceito de *inovatividade*.[127]

Inovatividade refere-se, preliminarmente, à capacidade e à predisposição a se inovar. Para Kamaruddeen, Yusof e Said (2010, p. 71),[128] esse construto "reflete a tendência de uma organização de se engajar com e de dar apoio a novas ideias, experimentação e processos criativos que podem resultar em novos produtos, serviços, ou procedimentos tecnológicos". Reflete traço organizacional duradouro (SUBRAMANIAN; NILAKANTA, 1996)[129] e, em perspectiva

---

[126] D'IRIBARNE, P. National Cultures and Organisations in Search of a Theory: an Interpretative Approach. *International Journal of Cross Cultural Management*, v. 9, n. 3, p. 309-321, 2009.

[127] Os próximos parágrafos, que discutem o conceito de inovatividade, tomaram por base a obra FENILI, R. R. *Governança em Aquisições Públicas*: teoria e prática à luz da realidade sociológica. Rio de Janeiro: Impetus, 2018.

[128] KAMARUDDEEN, A. M.; YUSOF, N. A.; SAID, I. Innovation and Innovativeness: Difference and Antecedent Relationship. *The IUP Journal of Architecture*, v. 2, n. 1, p. 66-78, 2010.

[129] SUBRAMANIAN, A.; NILAKANTA, S. Organizational innovativeness: Exploring the relationship between organizational determinants of innovation, types of innovations, and measures of organizational performance. *Omega*, v. 24, n. 6, p. 631-647, 1996.

comportamental, reflete o grau de "abertura a novas ideias como um aspecto da cultura, [...] uma medida da orientação cultural em direção à inovação" (HURLEY; HULT, 1998, p. 43).[130] Em adição, uma unidade administrativa é tão mais inovativa não só quanto mais cedo adota uma inovação, mas também quanto maior a taxa temporal de implementação de inovações (ROGERS, 2003;[131] KNOWLES et al., 2008).[132] Denota-se, assim, relação de predição mútua entre inovação e inovatividade – ao passo que a última reflete uma propensão à consecução da primeira, a intensidade com a qual a inovação, de fato, ocorre é também antecedente da inovatividade. As relações são dispostas a seguir:[133]

Ao nos debruçarmos sobre o desafio de incutir a inovatividade como traço da cultura que subjaz os diversos processos administrativos, vemo-nos confrontados com a necessidade de garantir a perpetuidade de práticas inovativas, em esforço que goze de legitimidade intraorganizacional. Para tanto, há de se considerar o *trinômio estratégia-pessoas-estrutura* na lógica própria do setor público, de sorte a casar forças por vezes antagônicas: a estabilidade e a previsibilidade do desenho burocrático-mecanicista weberiano e a flexibilidade e capacidade de reprogramação de um desenho orgânico, mais afeto à inovação. Essa discussão, ainda inconsistente e, de certa forma, negligenciada na seara pública, é realizada na próxima seção.

---

[130] HURLEY, R. F.; HULT, T. M. Innovation, Market Orientation and Organizational Learning: An Integration and Empirical Examination. *Journal of Marketing*, v. 62, n. 7, p. 42-54, 1998.
[131] ROGERS, E. *Diffusion of Innovations*. 5. ed. New York: The Free Press, 2003.
[132] KNOWLES, C.; HANSEN E.; DIBRELL, C. Measuring Firm Innovativeness: Development and Refinement of a New Scale. *Journal of Forest Products Business Research*, v. 5, n. 5, p. 24, 2008.
[133] Figura elaborada com base em Kamarudeen, Yusof e Said (2010).

6.2 Linking bees to the trees: os laboratórios de inovação – e os *think tanks*

Reconhece-se, *a priori*, que o modo como se dá, internamente, a divisão de responsabilidades e de autoridade é um dos resultados da estratégia traçada pela organização, provendo a racionalidade necessária para o exercício dos processos administrativos (FENILI, 2017).[134] Beleza. Nada de muito novo até aí. A estrutura é resultado da estratégia, em síntese. Logo aí, contudo, o alerta deve ser dado: "Houston, temos um problema".

No setor público, a estrutura hierárquica funcional preconizada por Max Weber evidencia-se como a mais comum (SWEDBERG; AGEVALL, 2005;[135] BINDREES *et al.*, 2014).[136] Linhas claras de autoridade, especialização em subunidades específicas, definição de atribuições em termos de partições da estrutura e no nível de indivíduos, bem como o déficit de comunicação entre áreas internas, a baixa visão sistêmica e as limitadas flexibilidade e propensão à inovação são os predicados usuais remetidos à departamentalização funcional (VASCONCELLOS; HEMSLEY, 2003).[137]

Ocorre que estruturas menos introspectivas, como as voltadas a clientes ou a projetos ou, ainda, as adhocracias são entendidas como mais afetas à inovação. Não obstante, a tentativa de compatibilizar a estrutura funcional historicamente vigente no setor público com outro desenho mais extrínseco e adaptativo revela-se problemática. As estruturas matriciais, nas quais, usualmente, há a mescla das departamentalizações funcional e por projetos, são ilustrações dessa celeuma. A dualidade de comando pode implicar excesso de atribuições aos subordinados, além de disputas de poder entre

---

[134] FENILI, R. R. *Administração Geral de Pública para Concursos*: abordagem completa. 3. ed. Rio de Janeiro: Impetus, 2017.

[135] SWEDBERG, R.; AGEVALL, O. *The Max Weber Dictionary*: Key Words and Central Concepts. 1. ed. Stanford University Press, 2005. 344 p.

[136] BINDREES, M. A., POOLEY, R. J.; IBRAHIM, I. S.; BENTAL, D. S. How public organisational structures influence software development processes. *Journal of Computer Science*, v. 10, n. 12, p. 2.593-2.607, 2014.

[137] Os motivos para a preponderância do modelo funcional no setor público são variados, podendo remeter à natural limitação de autonomia do agente público, se cotejado com o privado, à necessidade de definida organização formal que preveja os fluxos de comunicação etc. (BINDRESS *et al.*, 2014).

a hierarquia vertical tradicional e a autoridade de um gerente de projeto, tendências à anarquia e indefinição de papéis (SCHNETLER; STEYN; VAN STADEN, 2015).[138] Pronto. O desfecho é a predominância de estruturas funcionais pouco inovativas, que não condizem com as estratégias definidas e que, apenas ocasionalmente, proveem o suporte necessário à consecução dos objetivos traçados. Um beco sem saída. A solução para tal impasse demanda análise sob os prismas cultural e político. O que se almeja, em última instância, é a efetiva edificação da inovatividade, ou seja, que as ideias geradas em um fomentado ambiente inovativo sejam merecedoras do devido suporte para fins de implantação. Trata-se de se conectar o potencial inovativo, formado por pessoas e ideias, com esferas de poder organizacional que provejam o devido acesso a recursos, nas suas mais diversificadas formas.

Busca-se, destarte, um "intermediário", na concepção de Murray, Caulier-Grice e Mulgan (2010),[139] responsável por liar as "abelhas às árvores".[140] Essa metáfora responde por desafio já faceado no segundo setor. As incubadoras e os departamentos de pesquisa e desenvolvimento (P&D), em sintética amostra, consubstanciam espaços intermediários definidos enquanto resultado de superação da barreira em comento. Em se tratando do setor público, há de se, preliminarmente, definir o acurado nível de análise.

Para Eggers e Singh (2009),[141] as capacidades de inovação das organizações públicas mostram-se prioritariamente focadas em *processos administrativos internos*, concentrando-se, ainda, em mudanças incrementais (BESSANT, 2005).[142] Essa visão aclara a

---

[138] SCHNETLER, R.; STEYN, H.; VAN STADEN, P. J. Characteristics of Matrix Structures, and their Effects on Project Success. *South African Journal of Industrial Engineering*, v. 26, n. 1, p. 11-26, 2015.

[139] MURRAY, R.; CAULIER-GRICE, J.; MULGAN, G. *The Open Book of Social Innovation*. Social Innovation Series: Ways to Design, Develop and Grow Social Innovation. NESTA: The Young Foundation, 2010.

[140] *"To connect the bees to the trees"*, no original, sendo as *bees* (abelhas) a energia inovativa das pessoas e das ideias, e as *trees* (árvores), as instâncias organizacionais com a autoridade de absorver essa energia inovativa e colocá-la em prática.

[141] EGGERS, W. D.; SINGH, S. K. *The Public Innovator's Playbook*: nurturing bold ideas in government. Ash Institute: Harvard Kennedy School, 2009.

[142] BESSANT, J. Enabling continuous and discontinuous innovation: learning from the private sector. *Public Money and Management*, v. 25, n. 1, p. 35-42, 2005.

pertinência de se situar, inicialmente, os citados espaços intermediários circunscritos às fronteiras do órgão ou da entidade, de sorte a aproximá-los dos seus objetos de análise, minimizando a assimetria de informação entre o agente que atua no espaço intermediário e os demais *stakeholders* do processo a ser aprimorado.

Em adição, no intuito de se evitarem as incompatibilidades e os conflitos típicos de uma estrutura matricial, razoável linha de ação é a de incutir tais espaços como unidades pertencentes à estrutura funcional predominante no setor público. Tal foi o norte que regeu ação capitaneada na Câmara dos Deputados, a partir de meados de 2017, quando foi criado o Laboratório de Inovação em Compras Públicas (Lab-Comp).

Naquela casa legislativa, sob a égide da busca da inovatividade no processo de compras e contratações públicas, ao se pensar no modelo mais adequado de funcionamento desse espaço, os seguintes atributos e potencialidades foram considerados:

(i) capacidade de promoção de inovações *bottom-up* e de customização/otimização de inovações *top-down* (estas usualmente advindas do Tribunal de Contas da União);

(ii) necessidade de se exercerem, ao menos, três papéis: (a) desenvolvedor e criador de inovação (respondendo a desafios específicos); (b) catalisador (atuando como membrana permeável, ao importar *insights* alheios ao setor público); e (c) educador (transformando processos, competências e cultura) (PUTTICK; BAECK; COLLIGAN, 2014);[143]

(iii) estrutura prioritariamente horizontal, com equipe enxuta, de baixo índice de *turnover*, mesclando maturidade, conhecimento acerca do processo de compras e contratações públicas e criatividade – este, adianto, é um dos atributos mais difíceis de conseguir;

(iv) institucionalização de ambiente de experimentação, no qual novas propostas e serviços possam ser construídos em conjunto com servidores públicos de outros órgãos/

---

[143] PUTTICK, R.; BAECK, P.; COLLIGAN, P. *I-teams*: the teams and funds making innovation happen in governments around the world. Nesta and Bloomberg Philanthropies, 2014.

entidades, com cidadãos e demais *experts* (BASON, 2010);[144]

(v) capilaridade intra e interorganizacional, formando-se redes tanto para a construção de novas soluções (cocriação) quanto para a sua disseminação, primando-se, ainda, pela geração de conhecimento, aproximando-se de espaços acadêmicos.

Tais predicados são inerentes aos denominados *laboratórios de inovação*, conforme lecionam Bellefontaine (2012)[145] e Tõnurist, Kattel e Lember (2015).[146]

Façamos uma pausa neste conteúdo teórico. Pode ser? Permita-me, caro(a) leitor(a), que eu discorra brevemente como se deu a inspiração para a criação do Lab-Comp.

Até o ano passado (2018), meus filhos estudavam apenas no período matutino. Em alguns dias da semana, eu os pegava na escola e os levava para casa. Era uma correria. Saía do trabalho por volta das 11h40, chegava à escola às 12h e tentava estar em casa até às 12h20. As crianças almoçavam e logo partiam, relaxadamente, para os seus soninhos. Enquanto isso, eu acabava sempre arrumando alguma coisa, tomava um banho, engolia minha comida rapidamente e voltava com pressa ao trabalho.

Em determinado dia – creio que era uma quinta-feira de novembro de 2017, eu acabei me enrolando. Peguei um pouco de trânsito, tive que resolver uma urgência qualquer em casa e acabei tendo que cancelar uma reunião que teria no começo da tarde. Para diminuir um pouco do estresse, resolvi, ao menos, comer com um pouco mais de tranquilidade, coisa que raramente fazia. Servi meu prato de comida, fui à sala e liguei a televisão. Estava

---

[144] BASON, C. *Leading Public Sector Innovation*: co-creating for a better society. Bristol: Policy Press, 2010.
[145] BELLEFONTAINE, T. Innovation Labs: bridging think tanks and do tanks. *Policy Horizons Canada*, p. 1-5, 2012.
[146] TÕNURIST, P.; KATTEL, R.; LEMBER, V. Discovering Innovation Labs in the Public Sector. *Technology Governance: Working Papers in Technology Governance and Economy Dynamics*, n. 61, p. 1-36, 2015.

passando um documentário na *Globo News*. Era, na realidade, o terceiro de quatro episódios de uma série intitulada *Política: modo de usar*, que retratava distintas abordagens da inovação política na América Latina.

Esse episódio,[147] em especial, era dedicado aos modos como o cidadão pode se tornar protagonista na formação da agenda de políticas públicas de seus países. Trazia interessante abordagem acerca dos laboratórios de governo que cocriam políticas e serviços públicos com cidadãos, em países como Colômbia, Chile, Argentina e Uruguai. Em certo momento, a pesquisadora Beatriz Pedreira, do Instituto *Update*, dizia que "laboratórios de governo não são espaços físicos, são formas de fazer política", sendo, em seguida, corroborada por Andrea Polaro, diretora do laboratório de governo de Montevideo (Montevideolab): "O laboratório é uma forma de ação". Isso prendeu, de imediato, a minha atenção.

"Acreditamos que a inovação e os projetos que melhorarão a qualidade de vida dos cidadãos estão relacionados à integração com a sociedade", continuou Andrea. Em seu mural, no próprio laboratório, uma definição: "Laboratórios cidadãos como espaços nos quais pessoas com distintos conhecimentos, habilidades, graus de especialização acadêmica e/ou prática se reúnem para desenvolver projetos juntos, para explorar formas de experimentação e aprendizagem colaborativa e impulsionar processos de inovação cidadã". Se lido com pressa, parece apenas mais um conceito. A mim, naquele momento, mergulhei nos aspectos abstratos de ser o laboratório um espaço sem fronteiras definidas e que busca a formação de uma rede especializada em determinado problema. Tentava, em minha cabeça, juntar as peças de um quebra-cabeça ainda em formação.

"Queremos ser um governo inteligente e, para isso, devemos reconhecer que não sabemos de tudo", afirmava Alvaro Herreno, subsecretário de gestão estratégica de Buenos Aires. Óbvio, até que alguém diga. É, seguramente, muita presunção nossa acharmos que temos todas as soluções, que sabemos todos os caminhos. "O

---

[147] Disponível em: https://www.youtube.com/watch?v=xcicnRKAj4w&list=PLB360Yiru0UsK zxQyPrEv6kbr7ys9glWN&index=2. Acesso em: 02 maio 2019.

que vem surgindo agora é uma percepção de que o Estado não tem todas as respostas, mas ele pode ativar na sociedade onde estão as melhores competências para ajudar a resolver problemas", conclui o pesquisador Rafael Poço, também do Instituto *Update*.

Findo o episódio, retornei ao trabalho. No final daquele ano, criei o Lab-Comp.

Retomemos, só mais um pouquinho, a teoria sobre os laboratórios de inovação.

Os laboratórios de inovação no setor público são hoje estrutura organizacional em expansão. Em geral, voltam-se a novas abordagens para fins de elaboração de políticas públicas e de oferta de serviços públicos inéditos ou aprimorados, adotando-se a base em evidências, os *insights* comportamentais ou o *design thinking*.[148] São, na ótica de Bellefontaine (2012, p. 1), "espaços colaborativos onde *stakeholders* com perspectivas diversas se engajam em um processo de *workshop* a fim de compreender problemas complexos e desenhar novas abordagens e soluções".

Contando com algumas centenas de laboratórios em âmbito internacional, tais estruturas podem ser (i) governamentais (por exemplo, o *Mindlab*, na Dinamarca, ou o *Centre for Excellence in Public Sector Design*, na Austrália, ou o próprio GNova, da Escola Nacional de Administração Pública), (ii) inseridas no segundo setor, mas com foco no primeiro (por exemplo, o *Deloitte Govlab*, em Washington, EUA), (iii) inseridas no terceiro setor (por exemplo, o *Helsinki Design Lab*, na Finlândia, ou o *The Public Policy Lab*, em Nova Iorque, EUA) ou (iv) presentes em universidades (tais como o *Harvard i-lab* e o *MIT AgeLab*, ambos em Boston, EUA).

---

[148] *Design thinking* refere-se à abordagem de proposição de soluções, que envolve, no caso das políticas públicas, o levantamento das necessidades, a criação de forma coletiva e colaborativa de um projeto, em perspectiva de máxima empatia com a comunidade. Envolve as fases de entendimento holístico do problema, observação de campo, formação do ponto de vista do grupo de *design*, ideação (*brainstorming* alusivo à geração de soluções), prototipagem, teste e ajustes (iteração). Além do *design thinking*, há de se considerar os *insights* comportamentais, método que identifica modelos de comportamento capazes de incrementar a efetividade de ações e programas públicos.

A origem dos laboratórios de inovação pode ser remetida a "organizações independentes de pesquisa em políticas públicas, comumente conhecidas como *think tanks*"[149] (MCGANN; WEAVER, 2002, p. 2).[150] Tal perspectiva é compartilhada por Williamson (2015),[151] para quem uma das origens desses laboratórios no setor público reside na cultura de *think tank* predominante no cenário político anglo-americano.

A despeito de os primeiros *think tanks* terem surgido na década de 1920, concomitantemente na Europa e nos Estados Unidos, tal nomenclatura só foi introduzida nos EUA durante a Segunda Guerra Mundial, caracterizando o "ambiente seguro no qual os especialistas militares e civis se situavam para poder desenvolver planos de invasão e estratégias militares" (HAUCK, 2015, p. 13).[152] Nas décadas que se seguiram à Segunda Guerra, o uso do termo foi ampliado, passando a abarcar instituições focadas em recomendações políticas, em relações internacionais e em questões sociais correntes. Grosso modo, inserem-se no campo da ciência política.

Atualmente, *think tanks* são definidos como "organizações de engajamento em pesquisas na área de políticas públicas, que geram análises e orientações voltadas a políticas domésticas e internacionais, permitindo aos *policy makers* e ao público tomar decisões fundamentadas acerca de política pública" (MCGANN, 2018, p. 8). Conforme dados de dezembro de 2017, publicados pelo *The Think Tanks and Civil Societies Program*, da Universidade da Pensilvânia, há 8.248 *think tanks* em atividade no mundo, sendo que 103 deles se encontram no Brasil. A distribuição geográfica, em percentuais, dessas unidades é apresentada a seguir.[153]

---

[149] Tanques de pensamento, em tradução livre.
[150] MCGANN, J. G.; WEAVER, R. (Eds.). *Think tanks and civil societies*: catalysts for ideas and action. New York: Routledge, 2002.
[151] WILLIAMSON, B. *Testing Governance*: The Laboratory Lives and Methods of Policy Innovation Labs. Working Paper. Stirling: University of Stirling, 2015.
[152] HAUCK, J. C. R. *Think Tanks*: quem são, como atuam e qual seu panorama de ação no Brasil. Dissertação de mestrado. Programa de Pós-Graduação em Ciência Política da Universidade Federal de Minas Gerais (UFMG), 2015.
[153] Disponível em: MCGANN, J. G. 2018 Global Go To Think Tank Index Report. *TTCSP Global Go To Think Tank Index Reports*. University of Pennsylvania, 2019.

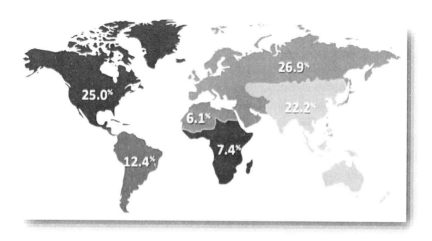

Alongar-se na discussão acerca das fronteiras conceituais entre *think tanks* e laboratórios de inovação é adotar rigor que pouco agrega a nós. Tal debate evidencia-se, inclusive, pouco conclusivo em sede acadêmica, domínio mais adequado ao seu aprofundamento. Limitar-me-ei apenas a apresentar os pontos de vista dissonantes. De um lado, surge ângulo tal como o apresentado pela plataforma global *OnThinkTanks*,[154] dedicada ao estudo e suporte de centros de pesquisa política. Em texto[155] de seu diretor e fundador, Enrique Mendizabal, há a provocação direta: seriam os laboratórios de inovação uma nova raça de *think tanks*? Afinal, segundo esse autor, ambas as organizações guardariam as mesmas funções, alusivas à criação e à legitimação de ideias e práticas.

De outro lado, contudo, há a visão predominante de que laboratórios de inovação diferem de *think tanks* por incluírem faceta que transcende a esfera política, mesclando-se traços generalistas de aperfeiçoamento de serviços. Ainda, os laboratórios são entendidos como dirigidos a propósitos específicos – ou assim deveriam ser... –, consubstanciando unidade híbrida entre *think tanks*, organizações com propósitos sociais/comunitários e centros de pesquisa e desenvolvimento (WILLIAMSON, 2015), sendo alicerçados no uso de

---

[154] Disponível em: https://onthinktanks.org. Acesso em: 04 maio 2019.

[155] Disponível em: https://onthinktanks.org/resources/nestas-innovative-lab-global-map-is-this-a-map-of-a-new-breed-of-think-tanks/. Acesso em: 04 maio 2019.

artefatos de tecnologia da informação e comunicação (SCHUURMAN; TÕNURIST, 2017).[156] Existem em ambiente marcado pela austeridade fiscal e atuam como ilhas de experimentação.

A organização não governamental britânica Nesta,[157] uma das expoentes globais no fomento à inovação no setor público, defende a distinção conceitual entre laboratórios de inovação e *think tanks*. Para tanto, vale-se de análise da incubadora de base tecnológica dos laboratórios da Universidade de Stanford, constituída há cerca de seis décadas e que serviu de modelo para a concepção de laboratórios de inovação pública, tais como o dinamarquês *MindLab* e o próprio laboratório da Nesta, sendo *benchmarking* na coordenação da rede governo/indústria/universidade. Para a Nesta, tal modelo – originalmente esteado em seara puramente tecnológica – poderia ser transposto às particularidades da arena pública, distinguindo-se de um *think tank* ao compor um espaço efetivamente experimental no qual protótipos de novas formas de entrega de serviços públicos seriam concebidos, navegando-se entre os primeiro, segundo e terceiro setores a fim de criar ideias úteis e utilizáveis.

E chega de teoria!
Hora de separar o joio do trigo.

6.3 O desafio do *marshmallow*, a prática zen e o apego ao método: já passamos por isso – e ainda passamos

Já abordamos, em capítulo anterior, a cronologia das teorias administrativas. Cada uma, a seu tempo, propunha-se a reunir os ingredientes supostamente capazes de melhorar o desempenho organizacional.

---

[156] SCHUURMAN, D.; TÕNURIST, P. Innovation in the Public Sector: Exploring the Characteristics and Potential Living Labs and Innovation Labs. *Technology Innovation Management Review*, v. 7, n. 1, p. 7-14, 2017.

[157] A Nesta foi criada, originalmente, como parte integrante do primeiro setor do Reino Unido, em 1998. Em 2010, contudo, decidiu-se que suas atividades poderiam ser mais bem desempenhadas se compusesse o terceiro setor, o que veio a se concretizar em 2012.

Hoje, a bola da vez é a *(gestão) da inovação* – seja lá o que se possa entender por algo tão amplo. Em passado recente, as inspirações eram outras, sendo que algumas delas remanescem, com distintas roupagens. Gestão da cultura. Administração por objetivos. Gestão da qualidade. Algumas estanques, outras que conversam entre si. Contudo, poucas diretrizes de gestão tiveram tanta influência no setor público brasileiro do que os ditames da *administração estratégica*.

O planejamento estratégico entra em cena na década de 1960 e foi incorporado por líderes de corporações que o tomaram como o único e o melhor caminho na implementação de estratégicas que culminariam no incremento da competitividade organizacional. Nessa cronologia, é possível identificar uma espécie de dupla paternidade da estratégia organizacional: Igor Ansoff e Henry Mintzberg. O primeiro, um russo radicado nos Estados Unidos, formou-se em engenharia e em física e fez seu doutorado em matemáticas aplicadas. Após trabalhar em cargos de direção de empresas militares e aeroespaciais, rumou à carreira acadêmica, no *Carnegie Institute of Technology*, onde publicou a obra seminal – e *best-seller* – da gestão estratégica: *Corporate strategy*, em 1965.

No entanto, é Mintzberg o nosso interesse neste momento. Também engenheiro, o canadense concluiu seu doutorado no MIT em 1968. Toma por base, em seguida, sua tese e escreve *The nature of managerial work*, em 1973.[158] No mesmo ano, publica artigo intitulado *Strategy-making in three modes*, na *California Management Review*.[159] Desde então, firmou-se como um dos autores mais prolíficos no campo da estratégia corporativa, com mais de 150 artigos publicados e quase duas dezenas de livros.

Pois bem. Cerca de vinte anos após as primeiras incursões de Mintzberg no que viria a ser seu *métier*, ele nos brindou com um dos futuros clássicos na temática: *Ascensão e queda do planejamento estratégico*.[160] Trata-se de crítica àquilo que havia se tornado o modo

---

[158] MINZBERG, H. *The Nature of Managerial Work*. New York: Harper & Row, 1973.
[159] MINZBERG, H. Strategy making in three modes. *California Management Review*, v. 16, n. 2, p. 44-53, 1973.
[160] MINZBERG, H. *The Rise and Fall of Strategic Planning*. New York: Free Press, 1994. Há um artigo publicado na *Harvard Business Review*, no mesmo ano, que sumariza as principais ideias do livro.

de se planejar a estratégia, repleto de inconsistências e sofismas. "Embora certamente não esteja morto, o planejamento estratégico há muito caiu de seu pedestal", preludia Mintzberg (1994, p. 107). São quatro falácias principais identificadas por Mintzberg (1994) em seu texto:

(i) *falácia da análise*: planejamento estratégico não é o mesmo que pensamento estratégico. O primeiro é análise, e o outro, síntese. Através de um raciocínio analítico – significando a quebra do todo em partes menores, formalizando-se passos e articulando-se antecipadamente as consequências de cada passo –, não se chega à síntese necessária à concepção da estratégia. *Pensamento estratégico*, leciona o autor, é sobre *síntese*. Envolve intuição e criatividade, culminando em uma perspectiva integrada na organização e uma visão de direção, por vezes, não tão precisamente articulada, ou seja, mais do que análise, precisamos da síntese[161] na consolidação da estratégia;

(ii) *falácia da predição*: de acordo com as abstrações do modelo próprio ao planejamento estratégico, o ambiente permanece sem mudanças significativas – ou no curso previsto – durante a concepção e a implementação do plano. Evidência: segue-se um prazo preestabelecido até mesmo entre a submissão e a aprovação do plano estratégico pela cúpula organizacional – como se as variáveis estivessem congeladas ou tivessem seus comportamentos plenamente mapeados nesse interregno. As descontinuidades são usualmente desconsideradas;

(iii) *falácia da separação*: visão usual é a de que sistemas administrativos (organização de dados, painéis, relatórios, sistemas de apoio à tomada de decisão etc.) conferem à alta gestão a prerrogativa da intelectualidade em suas atuações, justamente por retirarem de seu ônus o conhecimento dos detalhes das tarefas, em nível tático ou operacional. Perde-se menos tempo imerso

---

[161] E, ainda que paradoxalmente, nem toda síntese advém da análise! Ah, essa filosofia...

nesses detalhes, e a curva de aprendizagem da cúpula é otimizada: essa é a teoria. "De acordo com esse ponto de vista", discorre Mintzberg (1994, p. 110), em tom irônico, "[...] estratégias devem ser separadas de operações (ou táticas), formulação de implementação, pensadores de executores e estrategistas dos objetos de suas estratégias". Ocorre que os dados brutos que revestem os sistemas administrativos jamais retratam a realidade com precisão: ignoram, geralmente, aspectos qualitativos e se apresentam em níveis de agregação tais que não retratam nuances significativas. Resultado: assimetria de informação entre a área de negócios e quem pensa a estratégia.

(iv) *falácia da formalização*: a formalização do processo de planejamento estabelece uma sequência racional (analítica) que derivará à eventual ação. Perfeito, se não existisse uma bidirecionalidade nisso. Esse "congelamento" cerceia a formação de estratégia como um processo de aprendizagem através de experimentações. Não só pensamos para agir, mas também agimos para pensar. Através de ensaios e do empirismo, podemos selecionar casos de sucesso inspiradores de novos padrões que se tornam estratégias.[162] A formalização, em geral, vem a enfraquecer esse outro sentido na composição estratégica.

Cerca de uma década após essas críticas ao modo de se fazer planejamento estratégico, Mintzberg, Ahlstrand e Lampel (2005)[163] publicam nova obra em narrativa mais fluida, mas tendo lapidado alguns de seus pontos de vista se cotejada com o livro de 1994. Destaco o seguinte conteúdo, que tangencia as falácias da análise e da predição, ao menos:

Estratégias são para as organizações o que os antolhos são para os cavalos: elas fazem-nas caminhar numa linha reta, mas impedem o uso da visão periférica. [...] Estabelecendo-se num curso pré-determinado

---

[162] Em metodologia de pesquisa, procedimento análogo é observado na chamada *grounded theory*, na qual se vai a campo – coletando-se e analisando-se dados – sem concepções teóricas prévias. Com base nos achados, as teorias são construídas.
[163] MINTZBERG, H.; AHLSTRAND, B.; LAMPEL, J. *Strategy Bites Back*: it is far more, and less, than you ever imagined. Harlow: Prentice Hall; Financial Times, 2005.

em águas desconhecidas é a forma perfeita de navegar direto para um *iceberg*. É, às vezes, melhor movimentar-se vagarosamente, um pouco em cada momento, olhando não muito à frente, mas com muito cuidado, de forma tal que o comportamento possa ser modificado num determinado momento (MINTZBERG; AHLSTRAND; LAMPEL, 2005, p. 30).

Quando nos deparamos com visões tão críticas – como é o caso –, a sabedoria nos exige cautela e discernimento. "Eu meio que critiquei esse assunto de forma um pouco exagerada", reconhece Mintzberg.[164] Há exceções que escapam da visão em atacado daquele autor, devemos reconhecer. Situações nas quais as supostas falácias são enfraquecidas, podendo, até mesmo, evidenciarem-se linhas de ação acertadas. Predições que se concretizam. Análises minudentes que chegam a montar, com êxito, um quebra cabeça...

...Ainda assim... há o atacado ao qual Mintzberg se dirige. E sabe de uma coisa? Talvez o olhar ácido daquele autor sobre o planejamento estratégico deva ser, até mesmo, alargado. Seriam os *vícios* ora desnudados referentes não a uma técnica ou a uma ferramenta administrativa, mas, sim, a uma *cultura* de gestão capitaneada, simbolicamente, pelo profissional detentor de MBA, ávido (e encarcerado) por planos, seguro em seus substratos teóricos e, por vezes, sem a necessária experiência prática?[165] *Sim, chegamos ao vespeiro.*

Tomemos um fôlego. Respiremos um pouco. Voltemos, então, de imediato, à nossa matéria principal: *a gestão da inovação nas organizações públicas*. A proposta, aqui, é a de concepção de um modelo estrutural[166] acerca de como a inovação é tratada na seara pública hoje em dia. Vejamos a cultura por meio das práticas, é o que recomenda Bourdieu.

Antes disso, façamos um recorte: tratemos de organizações com nível ao menos mediano de governança e de recursos de pessoal – afinal, sem tais atributos, como regra, a gestão proativa da inovação é quase que totalmente sacrificada, dando lugar às atividades operacionais da linha de produção de serviços.

---

[164] Conforme entrevista disponível em: https://administradores.com.br/noticias/henry-mintzberg-critica-formulas-prontas-do-planejamento-estrategico. Acesso em: 11 maio 2019.

[165] Mintzberg traz uma crítica a esse arquétipo no livro *Managers, Not MBAs: a hard look at the soft practice of managing and management development*, publicado em 2004.

[166] Caríssimo(a) leitor(a), alerto: é um modelo, ou seja, uma abstração simplificada da realidade. Imperfeito, pois, por natureza.

Nessas organizações – com recursos –, a gestão da inovação é geralmente tratada como a cereja no bolo, e não como a sua base. A estrutura que a conduz é a última área a ser criada e a primeira a ser suprimida em caso de contingenciamento de recursos. A inovação, assim, não é tratada como condição *sine qua non* para a oferta de melhores serviços aos cidadãos, mas, sim, como "algo a mais", não raramente sacrificado em virtude da necessidade de se apagarem os incêndios do dia a dia.

Habitualmente, os espaços dedicados ao empreendedorismo institucional revestem-se, formalmente, de configurações e nomenclaturas, tais como escritórios de projetos, núcleos de gestão, assessorias especiais/estratégicas e – esse, sim, o modelo ascendente – laboratórios de inovação.

Esses espaços vêm a tratar de *inovação em serviços, lato sensu.* Suas equipes raramente detêm a expertise própria à área de negócios.[167] Ao invés, dedicam-se a serem facilitadoras de dinâmicas de idealização de soluções, seja por meio de técnicas diversas – *Design Thinking, Design Sprint, Canvas, LEGO Serious Play* etc. –, imersas ou não em projetos já oficializados – mediante EAP, declaração de escopo e por aí vai –, ou conduzidas pelos famosíssimos grupos de trabalho (GTs). Há um quê da falácia da separação aqui, tenho que apontar. E esse é um problema – ainda que não o maior deles.

A separação entre "pensadores" e "executores" ou, no caso, entre os laboratórios de inovação – ou estruturas congêneres – e as áreas de negócio vem costumeiramente acompanhada com uma maior valorização dos primeiros em detrimento dos últimos. Essa valorização é exteriorizada em termos de estrutura: por vezes, há mais pensadores do que executores, e os pensadores organizacionais recebem mais gratificações do que quem "carrega o piano", por assim dizer. Até aí, tudo bem, alguém poderia dizer. Afinal, o exercício intelectual de um "pensador" justificaria tal *status*. Bora para o mundo real.

Nesta semana, tive a oportunidade de conversar com uma das pessoas mais inteligentes que conheço. Uma amiga, dotada de um senso de realidade ímpar, objetivo, de uma doce acidez ímpar.

---

[167] Quase que escrevi, em continuidade ao mesmo período, que as equipes dos laboratórios raramente têm um sólido conhecimento acadêmico sobre inovação em serviços, mas me arrependi e acabei apagando... (*#sarcasmo*).

E ela me dizia: "É impressionante a quantidade de pessoas que hoje 'pensam fora da caixa' – mas ninguém está disposto a sair da caixa e fazer o que está pensando'". Tive que reconhecer a verdade nessas palavras.

Há um sem-número de manuais, livros e conferências que instigam esse "pensar fora da caixa". Uma excelente palestra, aqui destacada, é a de Giovanni Corazza,[168] professor e membro do Conselho Executivo da Universidade de Bolonha e fundador do *Marconi Institute of Creativity*. Intitulada *Pensamento criativo: como sair da caixa e gerar ideias*, brinda-nos com prodigiosas reflexões, tais como "pensar criativamente, sair da caixa não é um luxo, é uma necessidade, para nós e para nossa dignidade como seres humanos". Sensacional (de fato!).

Todavia, gostaria, registro como provocação, de que os esforços viessem a atacar a continuidade lógica do pensamento criativo. Falhei em encontrar qualquer palestra intitulada *Concretização das ideias criativas: como executar as ideias que tive, quando saí da caixa* ou *Pensar fora da caixa é mole, quero ver é consumar meus pensamentos*.

A aludida separação traz consigo, ademais, os conflitos amplamente discutidos das estruturas ditas matriciais. Mais do que isso, faz com que *os laboratórios não tenham pauta própria*, mas, sim, tentem preenchê-la através de parcerias em rede – intra ou interorganizacional. Ocorre que, muitas vezes, os potenciais parceiros não têm o interesse de trabalharem junto ao laboratório,[169] preferindo outros *locus* para o desenvolvimento de seus projetos.

Esse papel de "caça-pauta" é um martírio incessante aos laboratórios alheios às áreas de negócio. Sem projetos relevantes, são estruturas esvaziadas que não se justificam, não conseguem produzir o devido *marketing* e têm seus espaços de poder diminuídos. Ou, de outra sorte, produzem uma espécie de *marketing* forçado e

---

[168] Disponível em: https://www.youtube.com/watch?v=bEusrD8g-dM. Acesso em: 18 maio 2019.

[169] O comportamento utilitarista da área de negócios aparece com indelével frequência. O custo de transação peculiar da área de negócio em explicar, às áreas de inovação, o serviço ou o processo a ser otimizado deve sobrepujar eventual apoio metodológico posterior – sim, a explicação é necessária, ainda que para oferecer uma visão geral. E, a depender da complexidade desse serviço, o custo-benefício pode não compensar, em ótica preliminar.

conseguem, quando muito, um patrocínio franzino. Não têm, assim, escapatória: buscam conteúdo alhures – ou se transformam em polos organizadores de seminários – e convivem com a inevitável assimetria de informação.

Trata-se de um empecilho, sobretudo, estrutural, inerente ao casamento dos esforços de inovação à departamentalização funcional weberiana, com traços típicos, costumeiramente de unidade de comando e de má comunicação entre unidades especializadas. Um bom diagnóstico estrutural prévio, conjeturo, é capaz de atenuar a falácia da separação. Em adição, tratar a governança do ingresso das pautas nos laboratórios é medida essencial. Há órgãos públicos que identificam, por meio de indicadores, desempenhos insatisfatórios em determinados (sub)processos. Feita a priorização entre aquilo que não vai bem na organização, estabelece-se um mecanismo eletivo de captação da demanda pelo laboratório. Lá, trata-se o assunto, e as boas ideias viram projetos. É um caminho.

Já a adversidade a seguir apresentada é bem mais densa, com raízes entranhadas e praticamente eternizadas no *modus operandi* do gestor público brasileiro.

Diana Kander é uma das autoras *best-sellers* do *New York Times*. Ex-refugiada da União Soviética, é, hoje, radicada nos Estados Unidos, uma empreendedora de sucesso, conferencista e consultora, e crítica contumaz da gestão da inovação em organizações. Em 2014, palestrou em evento TEDx na cidade de Kansas, em preleção cujo título deixa pouca dúvida sobre sua posição: "Nossa abordagem à inovação está totalmente equivocada".[170] Ainda que voltada ao segundo setor, a substância de seu discurso se adéqua facilmente ao setor público.

Sua censura é baseada, essencialmente, no fluxo processual inerente à inovação, ensinado e executado nas organizações – e nos impactos que esse fluxo tem na alocação de tempo dos supostos empreendedores. "[O ensinado é que] Uma vez que você tenha uma boa nova ideia, a próxima coisa a fazer é escrever um plano de negócios – um documento compreensivo de cerca de 30 páginas,

---

[170] *Our approach to innovation is dead wrong*, no original. Disponível em: https://www.youtube.com/watch?v=pii8tTx1UYM. Acesso em: 11 maio 2019.

com projeções para 5 anos – e, então, você vai atrás de investimentos, constrói o seu produto e, finalmente, os clientes irão atrás de você, com braços abertos, de acordo com seu *plano*", discorre uma irônica Diana, tocando a falácia da predição. Em seguida, dispara: "Penso que a audiência entenda, nesse ponto, a famosa citação de Mike Tyson: 'Todo mundo tem um plano, até tomar um soco na cara'".

Planejar a inovação, em rito unidirecional – puramente – analítico, que talvez não alcance a síntese: esse é o núcleo duro da desaprovação de Diana, em face da *práxis* vigente. Para isso, a empreendedora se vale de interessante *insight*, cujo plano de fundo é o chamado *desafio do marshmallow*.

O *desafio do marshmallow* foi primeiramente apresentado por Peter Skillman – atualmente diretor de *design* do Microsoft Outlook – em 2006.[171] Trata-se de tarefa, *a priori*, simples: equipes de quatro pessoas, de posse de 20 pedaços de espaguete, um metro de fita adesiva, um metro de barbante e um *marshmallow*, devem, em até 18 minutos, construir a mais alta estrutura possível, que se sustente por si só. Ah, o *marshmallow* deve estar no topo.

Em anos seguintes, o desenvolvedor de *software*, palestrante e escritor canadense Tom Wujec aplicou o desafio em cerca de setenta seminários de *design* ao redor do mundo. Recém-formados em administração, arquitetos, engenheiros, advogados, CEOs... os públicos foram diversos, de modo que foi possível ranquear seus desempenhos.

As piores *performances* foram atribuídas aos recém-formados em administração e, quase que invariavelmente, um grupo se destacava sobre os demais – inclusive sobre MBAs, CEOs e advogados –, construindo torres mais elevadas e com configurações interessantes e criativas: *os recém-formados do jardim da infância!* Os pequenos eram superados apenas por arquitetos e engenheiros – ainda bem, poderíamos dizer...

Um dos motivos desse sucesso, já apontado por Skillman, é que nenhuma criança desperdiça seu tempo tentando ser o CEO ou manobrando pelo poder. Wujec e Kraner, em seus turnos, veem outra razão: as crianças do jardim da infância estão isentas da cultura da

---

[171] Disponível em: https://www.youtube.com/watch?v=1p5sBzMtB3Q. Acesso em: 12 maio 2019.

concepção de um plano perfeito – típica de alunos de administração e de CEOs. Uma tarefa consome recursos desproporcionais com relação a qualquer empreitada, inclusive a do desafio do *marshmallow*. É a explanação de Tom Wujec:

> Os alunos de administração são treinados para achar o único plano correto. E aí eles o executam. E o que ocorre é que, quando eles colocam o marshmallow no topo, o tempo acaba, e o que acontece? É uma crise.

"Os gestores dedicam os primeiros 30% do desafio planejando a estrutura perfeita" – expõe Diana – "60% de seu tempo a construindo e, finalmente, faltando pouco mais de um minuto, eles colocam o *marshmallow* no topo, superconfiantes, para apenas verem a coisa colapsar sob o seu peso". A interação desses gestores com a peça mais valiosa do quebra-cabeça dá-se apenas na reta final, sem tempo suficiente para fazer ajustes e tendo gastos todos os seus recursos de tempo e de dedicação de pessoal nas etapas anteriores.

A abordagem das crianças é diametralmente oposta. Não perdem tempo, não ficam paralisadas tentando processar as informações: elas simplesmente mergulham no desafio. Elas aprendem a partir de suas ações. Testam e falham com maior frequência. A primeira coisa que manipulam é, por óbvio, o *marshmallow*. Logo, constroem a primeira estrutura, que colapsa. De imediato, partem para uma nova construção, saneando a falha anterior. No tempo em que os gestores constroem uma estrutura, a galera do jardim da infância cria, em média, cinco. Há, assim, diversas chances de se aperfeiçoarem protótipos ruins ao longo do exercício. É a "essência do processo iterativo", esclarece Wujec.

"Quanto mais você trabalha com um plano no vácuo [ou seja, sem que haja a sua implementação], mais suscetível você está de fracassar", conclui Diana.

Um esclarecimento: não estou, aqui, fazendo uma apologia à falta de planejamento. Uma ode a se lançar a campo, de maneira imprudente, querendo colher informações de forma desenfreada. O que faço é, tão somente, coro aos argumentos centrais dos profissionais aqui citados e que dizem respeito, diretamente, às falácias da análise e da formalização.

Sem rodeios: a crítica é sobre apego demasiado ao método, ao planejamento, consubstanciado no mundo etéreo. Da mesma forma que o planejamento estratégico ficou, ao longo do tempo, mais importante do que a própria estratégia, o *Design Thinking*, do jeito que vai, pode assumir posto de maior realce do que a inovação em si.

Laboratórios de inovação no setor público correm o risco, atualmente, de caírem, inclusive, em uma nova armadilha: *a falácia da prototipagem*.[172] Até que ponto uma maquete, um esquema em papel, um *storyboard* ou uma encenação – formatos típicos empregados em métodos nos laboratórios – são protótipos de razoável fidelidade e aplicados em contextos válidos? Logicamente, a resposta dá-se em função do que está sendo prototipado. Ouso, porém, assentar que nem todo teste de solução de um problema público é visual ou passível de ser reduzido a um artefato de TIC. Nesses casos, um protótipo criado é passível de dar uma falsa chancela de que a invenção será, posteriormente, uma inovação.

Darei, agora, um passo decisivo na categorização desta obra como pertencente à literatura de aeroporto. Divagarei, ainda que sem demora, pela filosofia zen, em incursão que fará um paralelo com a cultura da gestão de inovação pública – um dos *highlights* do livro, espero![173]

Sou praticante de artes marciais há mais de três décadas. Por influência dessa prática, familiarizei-me, ao longo do tempo, com um pouco da literatura relativa ao zen, bem como com outras facetas da cultura oriental. Trata-se, em visão grosseira que jamais fará jus a conceito tão denso, de uma postura de esvaziamento da mente, que se torna única com o espírito e com o universo.

Se coubesse a mim indicar livros para iniciantes no estudo do zen, elegeria dois: *A mente liberta*, de Takuan Soho,[174] e *A arte cavalheiresca do arqueiro zen*, de Eugen Herrigel.[175]

---

[172] A prototipagem é entendida como a última fase do *Design Thinking*, que pode, até mesmo, ser concomitante com as duas primeiras: imersão e ideação.

[173] Incrível a quantidade de livros que tratam da filosofia zen aplicada o mundo empresarial. Questiono-me, com falsa sinceridade, se o padrão a ser perseguido é o do líder-altruísta-competitivo-monge-ambicioso. Uma espécie de Dalai Lama capitalista, com especialização na *Arte da guerra*. Sei lá.

[174] SOHO, T. *A mente liberta – escrito de um mestre zen a um mestre espada*. São Paulo: Cultrix, 1998.

[175] HERRIGEL, W. *A arte cavalheiresca do arqueiro zen*. São Paulo: Editora Pensamento, 2011.

Takuan Soho, uma figura proeminente na escola Rinzai do zen budismo, ainda no século XVI, chama de *mente confusa* aquela que "congela em um lugar". Fixa e presa a um aspecto específico, acaba por ser incapaz de agir livremente e restringe os sentidos e as capacidades do agente. Postura mais correta, descreve o monge, é manter a fluidez do pensamento, o que permite diagnósticos mais amplos, ações mais tempestivas e menos "aflições da mente".

Analogamente, o filósofo alemão Herrigel narra, em primeira pessoa, as agruras de sua real experiência de seis anos de aprendiz de arqueiro, tal como praticado pelos mestres zen budistas. Impressiona seu processo de aculturação, uma espécie de realinhamento mental, que lhe demanda árduos esforços – sempre carregados de conflitos internos e inquietações – para que, durante o tiro com arco, sua mente fosse menos analítica (concentrada e apegada em determinados aspectos posturais ou retesa no alvo em si) e mais sintética (completa, fluida). "A lógica do pensamento ocidental deve ser posta de lado", já nos avisa o prefácio da obra.

A defesa, aqui, não é no sentido de o intraempreendedor público virar um arqueiro budista espiritualmente superevoluído após intensa autoincursão metafísica. O ponto colocado é o de sermos, ao lidar com a inovação, um pouco mais sintéticos. De glorificarmos um pouco menos um planejamento que não é fim em si mesmo. De sairmos dos modismos das técnicas, atendo-nos àquilo que, realmente, agrega valor. De aproximarmos as equipes dos laboratórios e afins às *expertises* das áreas de negócio. De visarmos à efetividade. De, enfim, metermos logo a mão no *marshmallow*, sem se esquecer da base que tem que colocar esse negócio em pé.

6.4 A gênese de um laboratório de inovação: um legado de mãos dadas com a democracia

Não só de teoria vive o homem... após bem navegar pela pós-verdade e pelas *fake news*, passando por *think tanks* e laboratórios de inovação, gozando da companhia de Mintzberg e chegando, por fim, a um misto de zen budismo e *marshmallow*, é hora de um pouco de prática.

Uma de minhas tarefas atuais no Ministério da Economia envolve a elaboração de normas de logística pública (decretos, instruções normativas, portarias), o que faço ao lado de uma competentíssima Andrea Ache. Enquanto minha cessão ao Ministério não se concretizava, em janeiro deste ano participei como ouvinte da primeira audiência pública do novo decreto do pregão eletrônico,[176] uma minuta que estava em construção desde o final de 2018.

A norma em análise, ainda que contemplasse alguns avanços, estava imatura, a meu ver. A audiência, por sua vez, foi tomada por discursos de entidades de classe de empresas que – legitimamente, talvez – faziam o devido *lobby*. Era uma arena, sobretudo, de astúcia, de dominação, de influência, mas jamais técnica.

Superado esse estágio e efetivada minha cessão, o tratamento conferido à construção do decreto seguiu dinâmica diversa. Não se estava mais elaborando um decreto, *stricto sensu*; estávamos procurando soluções em prol de uma melhor *performance* das compras públicas, um rito que responde por nada menos de 11% do PIB nacional. Criar modos de *mitigar a corrupção*, de *incrementar a transparência*, de *promover o desenvolvimento sustentável*, de *atrair o segundo setor* – simplificando as exigências burocráticas, de *empregar da melhor forma os recursos governamentais*, robustecendo a governança processual. O *mindset*[177] passou a ser o de construção e o de formulação de políticas públicas. Para tanto, a discussão com todos os setores envolvidos era essencial, e não apenas pontualmente na realização de uma audiência pública.

Concebeu-se, pois, um espaço de interação para o aprimoramento da minuta. Fecundou-se uma ampla *rede* dedicada a esse projeto de lapidação. Reuniões com os segundo e terceiro setores. Juristas, pregoeiros, entidades internacionais (ONU e Banco Mundial), tribunais, órgãos do legislativo, representantes

---

[176] O pregão é uma modalidade de licitação pública, que responde por cerca de 90% das contratações governamentais no país.

[177] Nos últimos meses, ouvi tanto a expressão *mindset* que acabei me rendendo a esse estrangeirismo, reconheço com certa vergonha. Ah, sempre fui avesso a estrangeirismos!

da administração indireta. Estados e municípios enviaram suas contribuições. Problemas específicos eram colocados à mesa, de forma direta. Não havia um protocolo metodológico intensivo e inflexível. O *marshmallow* estava, a todo o momento, sendo tocado e manipulado por todos.

Visões *a priori* dissonantes foram convergindo, dentro do possível. Inovações em potencial foram absorvidas. Quase 1.200 contribuições formais, uma dezena de reuniões realizadas e uma nova audiência pública.[178] Resultado: um diploma legal com 34 avanços significativos se cotejado com o anterior.

A norma, contudo, jamais será perfeita. Em algum tempo, se tudo der certo, ela deverá ser revista, como resultado da própria evolução social. As práticas mudam, a jurisprudência, os conceitos. Não obstante – e essa é a minha satisfação maior –, *o processo de construção do decreto é hoje o seu maior legado*. Aproxima-se da perfeição, poderia dizer com certa ousadia.

Não digo perfeição técnica. Legística. Formal, material ou objetiva. Digo *perfeição colegiada, contributiva e participativa. Transparente.* Nascida no âmago dos princípios republicanos e democráticos, com aspectos temporais próprios. Respeitando-se o interregno de maturação. Aberto ao debate, ao diálogo, com respeito às opiniões que se confrontam. Inovação no rito de construção que sobrepuja qualquer inovação normativa vislumbrada.

O *case* de sucesso enseja, na atualidade, a criação de um laboratório de inovação em normas de logística, algo que deve se concretizar nos próximos dias. Um lócus de fronteiras flexíveis e de conversa franca com seus membros – a sociedade –, que propõem caminhos para o progresso das contratações públicas. Cá entre nós: essa maneira de se capitanear o processo legislativo, se otimizado, tem o potencial de estar muito mais próximo do cidadão do que o levado a cabo no Parlamento. Sem moda, sem pós-verdade, sem *fake news*.

---

[178] Disponível em: https://www.youtube.com/watch?v=WjBW7UJgvUo&t=7186s. Acesso em: 19 maio 2019.

CAPÍTULO 7

UM PASSO ATRÁS

Ou dois, talvez.
A frustração e o fracasso na vida do empreendedor público e o tal do murro em ponta de faca.
Ou, se quiser,
A vida de que você reclama é a prece de alguém.

Um pouco estranho esse título. "Um passo atrás". "Seria 'um passo atrás' dado pelo empreendedor público?" Sim, é isso. "Ah, deve ser esse negócio de 'dar um passo atrás' para dar 'dois para frente'." Não, não é isso, lamento dizer. É um (ou dois) passo para trás mesmo. Um recuo que não é para tomar impulso. Um *retrocesso*. Uma *frustração*. Um *revés*. Um *fracasso* que não antecede, necessariamente, uma vitória.

Trata-se de um vocabulário sempre evitado pelo empreendedor. Afinal, o agente de inovação deve, em todas as ocasiões, dar um jeito. Conseguir patrocínio da cúpula. Motivar sua equipe. Vender suas ideias da melhor forma. Vislumbrar alternativas quando as portas parecerem fechadas. "Se um empreendedor não é exitoso nisso, bom... então talvez ele não seja, de fato, um bom empreendedor", poderiam pensar – e pensam – alguns...

Pelo visto, ingressamos em um paradoxo semântico... um empreendedor que não avança é, de fato, o quê? Um visionário? Um incompreendido? Uma vítima do seu meio, sendo as pessoas que o rodeiam incapazes de valorizar suas ideias? Talvez tudo isso, menos um empreendedor, naquela visão de super-herói que já comentamos por aqui.

É atribuído ao romancista e dramaturgo francês Jean Cocteau a frase "sem saber que era impossível, foi lá e fez". Gosto, com sinceridade, dela. Oferece uma atmosfera de que a audácia dos desprendidos ao *status quo* vigente suscita realizações até então inimagináveis. O problema, conjeturo, é quando *não se sabe que é impossível, mas é impossível mesmo*.

Hoje é domingo. Outono, com ares de inverno em Brasília. Céu azul, quente no sol e frio na sombra. Início da seca por aqui. Adoro essa época do ano. O relógio do computador marca, com precisão, 14h01.

Chamei meus filhos.

– Nina, quando você tenta uma coisa e não consegue, o que você faz? – perguntei.

– Eu peço ajuda – respondeu, com obviedade, minha pequena.

– E você, Matheus? – voltei a indagação ao meu filhote.

– Eu tento, tento, tento até conseguir – disse, com brilho nos olhos.

Impressiona-me a diferença de personalidade entre eles.

Fui além.

– Nina, e se, mesmo com ajuda, você não conseguir fazer?

– Eu faço outra coisa – replicou, maravilhando-me com tamanha maturidade.

– E você, Matheus, se, mesmo tentando muuuuito, não conseguir concluir sua tarefa?

– Eu consigo tudo! – afirmou meu filho, com a inabalável segurança proporcionada pelo alto de seus quatro anos e quase um mês de idade.

Diferentes formas de ver as coisas. Entre a ingenuidade saudável de meu filho e o discernimento e a sensatez de minha filha, fico com um pouco dos dois, moldando uma espécie de *"realismo esperançoso"*, parafraseando um sempre sábio Ariano Suassuna.

Um passo atrás. Leio novamente a designação deste capítulo e vislumbro nova conotação: *pode ser um passo atrás para ver o todo, para se desprender da armadilha do ego e/ou da frustração*. Uma habilidade que demanda notável discernimento.

De início, vamos, de toda sorte, a uma incursão ao fracasso. Nem sempre romanceada e nem sempre épica e com final feliz, mas que demanda, em todos os casos, introspecção, aprendizagem e reinvenção.

7.1 Histórias de (in)sucesso

De modo geral, as pessoas não gostam de falar sobre seus fracassos. Os motivos são variados e de identificação quase imediata. Autopreservação. Privacidade, claro. Vergonha. Reputação – essa, uma variável preciosa no mundo organizacional.

Quem falha, falha por incompetência, por excessiva credulidade, ou por azar, esse é o senso comum. Mesmo se houve uma espécie de boicote ou de sacanagem contra a pessoa, há sempre quem diga que ela "deu mole"[179] e que havia diversas outras maneiras de se ter evitado o pior. E, convenhamos, ninguém, em sã consciência, acharia bacana carregar a pecha de ser incompetente ou azarado[180] em sua trajetória profissional. Como confiar uma tarefa crítica a uma pessoa sem a perícia necessária? Ou excessivamente ingênua, em especial quanto aos espaços de poder? Pior ainda: como fazê-lo quando se trata de pessoas desprovidas, historicamente, de sorte?

A narrativa em primeira pessoa acerca dos fracassos, nas organizações, só é feita quando um sucesso maior já foi conseguido *a posteriori*. Isso, no fim das contas, valoriza ainda mais aquele(a) que, após "comer o pão que o diabo amassou" – desculpe a expressão –, vem a ser glorificado com os louros da vitória. A internet está cheia de *cases* assim.[181]

Um dos mais famosos é o de Jack Ma, pseudônimo de Mǎ Yún, cofundador e presidente executivo do Grupo Alibaba, um

---

[179] "Deu mole" = foi ingênuo + incompetente + azarado.

[180] Há países nos quais a avaliação de oficiais militares tem como um dos quesitos, justamente, a *sorte*. A premissa, aqui, é a que nem sempre o preparo, o estudo e a dedicação predizem a *performance*. Remanesce a sorte como diferencial: é estar no lugar certo, na hora certa; é poder gozar de oportunidades que lhes são oferecidas, independentemente de seus esforços pretéritos.

[181] O programa *Pequenas Empresas, Grandes Negócios* também. Tem sempre uma série de microempresários que saíram do desemprego ou de trabalhos com remuneração baixíssima e que, agora, faturam milhões anualmente.

conglomerado bilionário de *e-commerce*. De origem humilde, Ma, após amargar fracassos nas escolas primária e secundária na China, tentou por três anos ingressar na universidade. Quando conseguiu, foi em uma universidade mediana de Hangzhou, no sudeste chinês, que formava professores para a região. A saga, contudo, estava apenas começando. Seguiram-se nada menos do que 30 rejeições para vagas de emprego. Duas dessas rejeições são sempre relatadas em suas palestras: de cinco candidatos a um emprego na polícia local, ele foi o único dispensado. Quando a rede de *fastfood* KFC chegou à sua cidade, dos 24 candidatos a vagas de emprego, ele foi, novamente, o único preterido. Somem-se ao destaque dos fiascos 10 indeferimentos como postulante a Harvard...

No entanto, a redenção veio de forma sublime. Em visita aos Estados Unidos, em 1995, Jack Ma foi introduzido aos computadores e à internet. De volta à China e após alguns novos fracassos em suas empreitadas *online*, funda a Alibaba, em 1999, cuja sede inicial foi o seu próprio apartamento. A empresa, originariamente uma plataforma de conexão entre micro e pequenas empresas e potenciais clientes, começou a lucrar efetivamente em 2002, após o aporte de milhões de dólares da Goldman Sachs e do Soft Bank e de sua mudança de *core business* para passar a competir com o *eBay*. Em dias atuais, a Alibaba supera, em valor, o Facebook e gira, em sua cadeia de suprimentos, mais bens do que o eBay e a Amazon combinadas.[182] Uau!

O rol de empreendedores bem-sucedidos que tiveram fracassos em suas histórias pregressas não é pequeno. J. K. Rowling, autora da saga de Harry Potter, teve o manuscrito do livro rejeitado por diversas editoras. Steven Spielberg teve seu pedido de ingresso indeferido diversas vezes pela Universidade de Cinema do Sul da Califórnia. A Decca Studios dispensou os Beatles porque não gostava de sua música. Michael Jordan foi cortado do time de basquete de sua escola. Hugh Jackson (o cara do Wolverine) foi demitido do emprego de caixa na 7-Eleven. Disseram ao Walt Disney que a ideia de um rato – o Mickey! – era péssima, porque aterrorizaria as mulheres...

---

[182] Conforme https://www.shoutmeloud.com/jack-ma-alibaba-founder.html. Acesso em: 20 maio 2019.

Histórias de pessoas que deram a volta por cima após fortes reveses em suas vidas são sempre inspiradoras. Motivam-nos. A resiliência é o traço dos fortes. Não desistem, continuam tentando. Encontram uma saída. Avançam. São, em visão sociológica, heróis que fazem parte de determinada cultura. Carregam consigo características valorizadas por determinada sociedade, percebidas como desejadas, e servem de modelos de comportamento.

Estas páginas, contudo, são reservadas à abordagem de "gente como a gente". Algo como o Jack Ma antes do Alibaba.

Um movimento global nascido na noite de uma sexta-feira de 2012, na Cidade do México, trouxe consigo proposta pouco convencional no mundo glamoroso e exitoso do empreendedorismo. Cinco amigos, cansados das fantásticas narrativas de triunfos de pessoas bem-sucedidas no mundo dos negócios, lançaram-se em uma honesta discussão sobre seus fracassos como empreendedores. O ambiente era propício: um *pub*, responsável por temperar a conversa com um pouquinho de álcool. Era a gênese das *Fuckup Nights*, que hoje promove eventos mensais simultâneos em 318 cidades distribuídas em 86 países.[183]

As histórias contadas nessas trágicas noites têm muito em comum. São indivíduos que faliram suas empresas, *startups* que nunca decolaram, pessoas que desistiram de seus sonhos profissionais. Promessas superiores à capacidade de entrega, financiamentos com obrigações superiores ao fluxo de caixa, lançamentos precoces de produtos. Crônicas comuns. Reais. Corriqueiras. E humanas.

Uma delas chamou-me a atenção, talvez pela intimidade exposição ou, quiçá, pela concepção de fracasso trazida à baila.

Trata-se do relato de Sheena Brady,[184] hoje uma aparentemente bem-sucedida *sommelier* de chá, CEO da *Tease Tea*. Por cerca de dez anos, ela construiu uma carreira como uma exigente e fria

---

[183] Aos curiosos: o movimento tem *site* (https://fuckupnights.com/) e canal no YouTube (https://www.youtube.com/user/fuckupnights).

[184] Disponível em: https://www.youtube.com/watch?v=LkAp0pqNar8. Acesso em: 25 maio 2019. Nessa data, há cerca de 600 visualizações do vídeo – um índice baixo. Nesse sentido, o próprio vídeo é meio que um fiasco, poderíamos depreender, em risível coincidência com a tônica das *Fuckup Nights*.

administradora de restaurantes, em cidades como Nova Iorque, São Francisco e Toronto. Rigorosíssima ao tratar seus pares e seus subordinados, repleta de problemas de relacionamento – inclusive familiares –, era praticamente desprovida de empatia. Encarnava, de certa forma, a matriz desejada por uma organização mecanicista: garçons, *bartenders* e cozinheiros eram vistos como peças de um motor de maior complexidade, em uma visão próxima à dos tempos e movimentos tayloristas.

Sheena, em determinado ponto da sessão do *Fuckup*, discorre com certa vergonha sobre sua indignação, à época, com uma mulher grávida de seu estafe que fazia xixi a cada meia-hora e estava "comprometendo os padrões de serviço do restaurante". Vai vendo...

Promoções e promoções se seguiram. Aumentos salariais. 60 horas de trabalho por semana. Ela entregava excepcionalmente o que o sistema – leia-se, os padrões impostos por seus patrões – pedia. Sete minutos, no máximo, entre o pedido de uma mesa e o garçom estar de volta, com os *drinks* pedidos. Se atrasasse um minuto que fosse, sua intervenção junto à equipe era digna de uma pequena tirana. E assim seguiram-se anos e anos.

Até que um dia, enquanto ocupava a posição de gestora de um restaurante de um hotel em Toronto – e superava todas as métricas financeiras e de atendimento de clientes possível –, houve a reclamação no setor de recursos humanos de que ela praticava *bullying* com seus subordinados. Um tempo depois, foi demitida.

Seu mundo ruiu, e passou a encarar um período complicado de luto pessoal, quando entendeu, por fim, que sua demissão era fruto, tão somente, do modo como lidava com quem estava a seu redor. A partir daí, tentou se reinventar. Não conseguiu, no seu íntimo, retornar ao ramo de restaurantes. Logicamente, uma apresentação de menos de vinte minutos no YouTube não permite que vejamos o quanto ela conseguiu se recompor.

Vi o vídeo duas vezes. Intrigou-me o conceito subjacente de fracasso, no caso. O que poderíamos chamar de insucesso, de decepção, nesse caso? A demissão? A necessidade de se mudar de carreira quando a Sra. Brady deu de cara com um muro? Ou, em perspectiva outra, poderíamos chamar de fracasso trabalhar 60 horas por semana sendo uma escrota com o resto do mundo?

Será que fracasso é um acontecimento pontual, uma porrada que a vida dá em você, ou ele pode ser um processo, ao longo do qual você vai plantando coisa ruim até chegar um dia que você colhe toda essa m#*%@?
Bom, vamos falar, então, de fracasso.

7.2 O que é fracasso?

Estamos chegando ao final do livro, tenho que dizer. Afinal, caso uma obra dessas ultrapasse muito as 200 páginas, corre o severo risco de não se enquadrar no atraente domínio da literatura de aeroporto.

Estou escrevendo este diário – entre idas e vindas – há nove meses. Reservar a parcela derradeira desta gestação para falar de fracasso soa, a mim, ao mesmo tempo emblemático e contraditório. Todo empreendedor (público) convive com o fracasso, assim como todo atleta convive com a dor. Um quê de ação e reação, podemos inferir, com exatidão. Uma antítese do sucesso, fruto de nosso ímpeto de categorizar todas as coisas. Um companheiro indesejável de viagem, que sempre lembra que está por perto, aparecendo de vezes em vezes. Abordagem de maior coerência, talvez, seria talhar as primeiras linhas de um diário do intraempreendedor nessa temática. Bom, agora já era... (*#incompetência?*).

A pergunta que dá título a esta seção está incompleta, posso assegurar. O que é fracasso *para você*? – essa é a indagação a ser feita. O fracasso não é de todo absoluto. É relativo, fundamentado na percepção. Subjetivo, varia não só de pessoa para pessoa, mas também em função da maturidade do indivíduo ao longo de sua vida. Nós mudamos, é o que se espera. E isso é algo de enorme relevância.

O que é fracasso para você hoje pode não sê-lo no futuro. Pior: o que é atualmente sucesso pode ser visto como um erro mais adiante. Quer um exemplo simples? Você, caro(a) empreendedor(a), que, com autoestima inflada pelos triunfos das negociações cotidianas, passa o seu dia indo de reunião para reunião, tomando decisões "importantíssimas" e lidando com conflitos como um senhor da guerra, pode, amanhã, perceber que todo esse "êxito" consumiu fragmento maior da sua vida. As conquistas e o *status* viram arrependimento. Tem gente que define fracasso como um "não atendimento às suas expectativas".[185] Não vejo essa descrição como de todo acurada. Como as expectativas individuais podem mudar ao longo do tempo, vemos que o fracasso não é, assim, um conceito atemporal. De maior profundidade, temos a seguinte reflexão: "[Fracasso] tem mais a ver com uma dor interna, e não com uma realidade externa". O modo como percebemos os acontecimentos é que, nessa ótica, definem o – grau de – insucesso. E nossa percepção, nunca podemos esquecer, é influenciada pelos aspectos culturais que nos permeiam – expectativas familiares, demandas sociais, comportamentos legitimados pelo grupo.

Meu filho tem uma ilustração bem didática do que é fracasso:
– Fracasso é quando eu faço um desenho para a mamãe, com canetinha, e eu pinto, pinto, pinto para ficar bem bonito. Mas eu pinto tanto que a folha fura. Aí, é fracasso.
Nesse caso, é uma dor emocional interna do pequeno... mas é uma realidade externa também, convenhamos. O furo no papel está aí, para todos verem. É uma realidade objetivada, tátil. Ah, o Matheus é capaz de fazer ruir as definições mais herméticas.

Marcos Piangers conta, em um dos seus vídeos,[186] iniciativas de amigos seus que declinaram de oportunidades profissionais ou que começaram a trabalhar meio período para continuar ou passar a estar mais pertos de seus filhos pequenos. De acompanharem seus crescimentos. E, como decorrência dessa opção, eles "nunca vão ficar ricos":

---

[185] Há uma exposição interessante sobre o conceito de fracasso aqui: https://www.youtube.com/watch?v=DMiBqvXl6vo. Acesso em: 26 maio 2019. Outras reflexões sobre esse construto empregadas na discussão desta seção basearam-se, por vezes, em depoimentos desse vídeo.
[186] Disponível em: https://www.youtube.com/watch?v=YfCJwoSjRQQ. Acesso em: 26 maio 2019.

Então, participar do crescimento do filho... realmente, às vezes, você tem que trabalhar menos, às vezes você vai ganhar menos. Pode ser que você não fique rico. "Ah, mas você tem que investir na carreira", as pessoas dizem. "Ah, mas você está largando a sua vida por causa de um filho!" [...] Pode ser que você nunca fique rico, é verdade. [...] O nosso tesouro, a gente sabe onde está.

Dinheiro não é indicador de sucesso. *Felicidade plena, duradoura, alicerçada em relacionamentos saudáveis, com paz de espírito. Fazer o que gosta, com responsabilidade, com ética. Saber onde está o seu tesouro – e que a vida é trem bala. Eis o local onde reside o sucesso.*

Um dos problemas é que nos acostumamos a nos compartimentalizar. A vestirmos papéis e a nos segmentarmos, sendo impossível nos vermos como um todo. Há o Renato servidor público – intraempreendedor? –, o Renato atleta, o Renato pai e por aí vai. Mesma pessoa, mas que habita mundos distintos, que não se conversam, às vezes. Se nos desbalancearmos, um hiper mega ultra "sucesso" profissional pode não ser espelhado em nossos outros mundos. Como recursos escassos que somos, a chave está no equilíbrio, em nos vermos inteiros em nossos mundos, em nos dedicarmos ao máximo em cada um deles, sem distorções. E isso não é fácil. E as raízes dessa dificuldade foram plantadas em nossa socialização inicial.

Ao longo deste livro, você se acostumou com meus *insights* baseados em conversas com meus pequenos. Pois bem: ao falar de fracasso, é justamente meus filhos, e meu papel como pai, que me causam as reflexões mais penetrantes.

Um (bom) pai (e uma mãe) quer o sucesso de seus filhos. Essa é uma premissa básica. Não estou dizendo que o desejo é que o filho seja uma celebridade, mas, sim, que ele seja feliz, bem-sucedido em seus "mundos", independente financeiramente. Inteligente, esforçado, que saiba plantar para, mais à frente, colher. Equilibrado emocionalmente e que tenha boa índole. Pavimentar o caminho de nossos pequenos nesse sentido é uma das missões mais nobres e mais complicadas que podemos assumir.

Educação formal de qualidade, ambiente familiar dialogado e participativo, oportunidades de desenvolver a criatividade e de ter novas experiências. *Feedback* positivo, disciplina. O rol de ingredientes para uma boa criação é vasto e sempre variará de família para família. Os resultados, ademais, dependem, ainda, da personalidade dos pequenos. Todavia, quase como regra, nossos esforços se dão para preparar nossos filhos para o sucesso, mas jamais para instruí-los a bem lidarem com o fracasso.

Em síntese: desde crianças, somos treinados a evitar o fracasso. Quando falhamos, em geral, escondemos o erro. Não queremos ser punidos ou ser expostos à vergonha. E, quando caímos no "mundo real", esse comportamento já é parte de nós.

Ao empreendedor, há um mantra bem conhecido sobre o tema: "Se for errar, erre rápido e erre barato". Ok. Muito legal em um ambiente controlado. Mas, concordemos, raramente temos tamanho controle sobre nossas falhas – seja sobre o momento ou sobre o custo. Melhor mantra seria: "Aprenda rápido e erre menos". Porém, ao relê-lo, vejo que perde muito do apelo de *marketing*...

Ao intraempreendedor público, o conceito de fracasso vem bastante associado ao de imposta exigência de recomeçar. De mudar de equipe, ramo, de órgão, não por opção, mas por necessidade. De perder uma função comissionada, uma gratificação, um DAS, e de ir para uma nova área e ter de aprender do zero. Pois bem... essa é uma miopia seletiva, até certo ponto.

Conheço uma pessoa de rara inteligência que tem sua *expertise* voltada à área de gestão por competências. Capacitação, liderança, desenvolvimento de equipes, em especial. Ao ingressar em seu órgão, foi lotada no departamento de pessoal, em decisão aparentemente acertada, com base em seu perfil. Em pouco tempo, contudo, foi movimentada para gerir um dos processos menos inspiradores[187] na nobre área de administração de pessoas: gestão da folha de pagamento.

Colocou ordem na casa. Desfez equívocos, regularizou práticas. Chocou-se, logicamente, com o *status quo* vigente. Começou, com o atravessar dos meses, a ter a sua vida profissional atribulada por conflitos. A opção foi mudar, novamente, de área. Foi – e, aí sim, haja coragem – para a área de gestão de convênios. Não conhecia nada do processo de transferências voluntárias, um dos ritos mais áridos na gestão pública, a meu ver. Novamente, empreendedora que é, foi colocar ordem na casa. Corrigir desmandos. Estabelecer a

---

[187] Caro(a) leitor(a), essa é apenas minha opinião pessoal. Talvez valha pouco, já que eu sou gestor do processo de compras públicas...

almejada governança. Avançou até o ponto que o *status quo* – sempre ele – não deixava mais. Ciente do risco, mudou novamente. Voltou à área de gestão por competências. Agora, em outro órgão. Vejo, nesse caso, múltiplos aprendizados. E, mais do que fracassos, essa pessoa colecionou sucessos. Hoje, goza de vivência ímpar na administração pública. É conhecedora de distintas realidades e, após sua peregrinação, retornou mais madura, mais inteira à sua zona de conforto. Hoje, essa pessoa, creio eu, consegue ver essa jornada como exitosa. Antecedendo cada mudança, no entanto, os sentimentos foram de ansiedade e de desalento.

Outro amigo meu tem uma história riquíssima sobre fracasso. Conheci-o no doutorado – ele estava dois anos na minha frente. Hoje servidor público dos mais preparados, gozou, no passado, de vivência no segundo setor. Formou-se no ITA, em engenharia mecânica aeronáutica. *Decidiu* especializar-se em armamento para aeronaves. Trabalhou um tempo na Embraer e *decidiu*, em seguida, ir para a Avibras, empresa brasileira da área de armamentos. Em meados de 1990, *decidiu* aceitar convite de ir ao Kuwait, um rico mercado para a exportação de armas. Em agosto do mesmo ano, eclodiu a Guerra do Golfo, e ele se viu preso no Kuwait após a invasão iraquiana.

Em seu depoimento pessoal a mim, ele retrata o seu fracasso, à época, como resultado de suas decisões ao longo da vida. Ele esculpiu seu itinerário e, por seu (des)mérito, viu-se preso numa guerra para a qual fornecia armas. Esse, a meu ver, é um dos piores tipos de fracasso: aquele em que você foi protagonista, foi causa de seu aviltamento, de sua derrocada. Ao retornar ao Brasil, mudou de rumo: fez concurso público e, a partir daí, percorreu valiosa trilha na seara governamental.

O fracasso é, conclui-se, relativo e temporal.

7.3 Quando amamos odiar o fracasso e nem percebemos isso: às vezes, precisamos desse passo atrás

Última seção do livro. E vejo, com rara lucidez, que talvez a tenho postergado ao longo desses meses por ser este meu relato mais pessoal.

Nas últimas páginas – e nas últimas semanas –, tenho refletido sobre o quanto os potenciais intraempreendedores públicos se consomem com seus supostos – e precoces – fracassos ou como se sentem consternados por não terem o devido patrocínio. Presos em uma visão quase sempre imediatista, acabam por cair em armadilhas do ego e/ou do superdimensionamento do trivial. Perdem a perspectiva do todo e se veem retesos a um aspecto menor, desprovidos de fluidez. Acabam, por fim, sendo incapazes de repensar suas estratégias e de traçar novas linhas de ação, remanescendo com os pés cada vez mais fincados em solo já infértil.

Esbarram, invariavelmente, na cultura vigente e nos aspectos políticos. Como elementos hipossuficientes, insularizam-se, diminuem-se e vitimizam-se. "Injustiçados" que são, reclamam nos corredores, em rodas de colegas mais próximos, aprisionando-se em seus microcosmos. Uma perda de energia sem igual. Acostumam-se a odiar seus fracassos e se alimentam dessa estagnação típica dos "protestos ao vento", como diria Machado de Assis.[188] Sem perceber, criam amarras duradouras, confinam-se.

Ver as coisas em suas reais dimensões é uma virtude de poucos. Se isso já é difícil em "condições normais de temperatura e pressão", imagine quando estamos no meio do incêndio de nossos expedientes. Nesse caso, o fracasso e as dificuldades são percebidos como monumentais, cegando-nos. Quando nos aproximamos demais de um obstáculo, não conseguimos ver as coisas para além dele e, nesse momento, é que devemos dar... um passo atrás – ou dois, se for o caso.

Respirar, relativizar as coisas. Comportar-nos como "passageiros prestes a partir", talvez seja esse o modelo a ser perseguido. E sabe de uma coisa? Às vezes, a vida nos prega peças. Surpreende-nos para o bem ou para o mal. Em ambos os casos, principiamos a enxergar com rara nitidez ao nosso redor e, só então, vemos que um fracasso profissional é bobagem, que podemos – e devemos – nos reinventar.

Vou contar, agora, uma dessas peças que a vida preparou... ao meu pai.

---

[188] No conto *Dívida extinta*, publicado no *Jornal das Famílias* em 1878.

Com cerca de 55 anos, meu pai, Rafael Fenili, um engenheiro naval da Marinha, foi diagnosticado com câncer. No mesmo ano (2004), passou pela primeira cirurgia de uma série de três a que seria submetido na década seguinte para retirar um tumor estromal gastrointestinal (GIST) que estava ocupando boa parte de seu abdômen. O GIST é um tipo bem raro de câncer. Benigno por natureza, mas bastante agressivo no caso de meu pai. Aliás, o meu pai era um tipo único e, também, raro de pessoa. Incapaz de fazer mal a alguém. Ético DEMAIS. Engenheiro dedicado e competentíssimo, empreendedor em seu meio, apaixonado pelos filhos (eu e minha irmã). Orgulhoso de suas origens italianas. Bom marido. Enfrentou por maus bocados na vida: perdeu minha mãe biológica quando eu tinha quinze dias de vida. Perdeu uma irmã, também para o câncer. Superou um aneurisma de minha mãe – de criação – que, felizmente, não deixou sequelas.

Nos dez anos que se seguiram a essa cirurgia, meu pai passou a administrar o seu câncer, como já disse neste diário. Mudou, de certa forma, sua perspectiva de vida. Em 90% das conversas que tive com ele, nesse período, o tom era o mesmo: ele dizia que estava bem, que se sentia bem. Esforçava-se em diminuir, ainda que com efeitos restritos a seus discursos, sua doença. Era um autoconvencimento, acima de tudo. Uma tentativa de defesa psicológica. A preocupação era sua mais fiel companheira.

A cada cinco ou seis meses, no máximo, fazia uma tomografia para acompanhamento. Picos de tensão na expectativa de averiguar se houve recidiva dos tumores ou crescimento dos que insistiam em se fazer presentes. Nesse complicado percurso, teve de lidar com algumas das intempéries dos portadores de câncer no Brasil:[189] dificuldades de acesso a medicamentos de alto custo, insensibilidade de médicos e falta de informação sistematizada e de qualidade.

Não posso dizer que, aparentemente, o câncer representou uma guinada comportamental abrupta a meu pai. Ele sempre foi um cara muito família. Uma pessoa querida. Hábitos comedidos – pequena ressalva, tenho que escrever isso aqui, ele deixou de fumar por insistência de minha mãe. Continuou gostando de ver futebol na

---

[189] Logicamente, maior intempérie seria a falta de acesso a um tratamento, por óbvio.

televisão. De tirar um cochilo às tardes no final de semana. De uma boa e longa conversa. Tornou-se um pouco mais diligente com a sua atividade física, mas, na superfície... era a mesma pessoa, apenas um pouco mais preocupado.

Hoje, entendo que, afora sua superfície, em sua intimidade, havia mudança mais intensa. Um diálogo mais próximo com a esperança, um labor constante pela vida. Uma inquietude vacilante entre o foco no presente e a expectativa de poder apreciar o futuro. Um imenso cuidado em tentar não preocupar meu avô, vivo à época. E – este é o ponto – passou a desfrutar de um olhar mais preciso sobre o que realmente importava ao seu redor. Em certa proporção, cresceu em sensatez e em sabedoria.

As intempéries em seu emprego, os momentos turbulentos no trabalho, as arbitrariedades e os desgovernos continuaram consumindo bastante de meu pai. Amante da engenharia e uma das peças-chave de um projeto de enorme vulto há anos, sofria com a mesma falta de patrocínio, com a mesma má gestão que aflige a maioria dos empreendedores públicos. Ah, ele dava de cara com o muro também. Angustiava-se com a inércia, com a resistência a mudanças. Com os traços de má governança. No entanto, havia, agora, um limite do quanto isso, de fato, o desgastava.

Cada coisa em seu lugar. Seu convívio diário com o câncer já o havia colocado "um passo atrás". A coisa mais relevante em sua vida não era o êxito em uma empreitada no trabalho. Vencer uma disputa em sua diretoria, entregar um produto a despeito de um contexto que não o favorecia. A coisa mais relevante era *o tempo* e, nessa condição, caro(a) leitor(a), os fracassos profissionais são vistos como devem ser: episódios naturais em uma jornada, que carecem de atenção e de reexame, mas sem super (ou sub) dimensionamento. Às vezes, transponíveis; outras vezes, não, mas, em todas as condições, há outro itinerário, outra oportunidade nos esperando.

2013 foi um ano bastante difícil profissionalmente ao meu pai. As coisas não iam bem com a chegada de novas chefias que desconheciam o projeto e que tomavam decisões desencontradas. Preocupavam-se com regras secundárias, mas não se dedicavam ao avanço do *core business* da empreitada. Aliás, nem o entendiam. Meu pai, em todos os momentos, lutava para que houvesse progresso. Articulava. Argumentava tecnicamente. Motivava suas ações, formalmente. Era bem-sucedido algumas vezes. Em outras tantas, patinava, sem sair do lugar. Era um bom combate. A batalha com o câncer não dava trégua também, num prelúdio do que ocorreria em breve futuro. Em dezembro do mesmo ano, minha filha nasceu. Lembro-me de meu pai dizendo, em feliz contemplação: "A coisa mais importante deste ano, com certeza, foi o nascimento de minha neta". Sem miopia. "A vida de que você reclama é a prece de alguém" – quanto sabedoria nessas palavras. Um passo atrás.

Aos intraempreendedores públicos, devemos reconhecer que há adversidades intransponíveis em via direta, mas, em todas as circunstâncias, podemos contorná-la ou, até mesmo, seguirmos em outra rota, quiçá mais rica. E, nessa estrada, vamos fortalecendo a boa governança. Promovendo a inovação. Tecendo, ainda que com a vulnerabilidade própria dos primeiros passos, um substrato mais límpido e íntegro. Colocando tijolos, pequenos por vezes, em algo que, um dia, será uma sólida edificação. E – eis a beleza dos "bons combates" – nessa esteira, estaremos transformando a nós mesmos, agentes de inovação que somos.

A você, caro(a) leitor(a), que me acompanhou nesta viagem, meu único conselho: *sonhe*.[190] Mantenha um pé nas nuvens e o outro no chão. Deixe marcas por onde passar e permita que suas pegadas deixem marcas em você. *Permita-se*. Inspire-se pelo impossível, sim, com um senso de razão. Voemos, mas sem a ilusão de Ícaro. Mesmo cientes do inatingível, que seja esse o farol no meio das tormentas. O seu norte. "Que triste os caminhos se não fora a *presença distante das estrelas*!", nos ensina um douto Mário Quintana. E que elas reluzam fortes em nossas estradas.

> *Sonhe com o que você quiser. Vá para onde você queira ir.*
> *Seja o que você quer ser, porque você possui apenas uma vida*
> *e nela só temos uma chance de fazer aquilo que queremos.*
> *Tenha felicidade bastante para fazê-la doce.*
> *Dificuldades para fazê-la forte.*
> *Tristeza para fazê-la humana.*
> *E esperança suficiente para fazê-la feliz.*
> (Clarice Lispector)

---

[190] E venda esses sonhos até que alguém os compre!!! Rsrsrs.

Esta obra foi composta em fonte Palatino Linotype, corpo 10,5
e impressa em papel Offset 75g (miolo) e Supremo 250g (capa)
pela Gráfica Laser Plus, em Belo Horizonte/MG.